Das
Deutsche Volkstum.

Unter Mitarbeit von

Dr. Hans Helmolt, Prof. Dr. Alfred Kirchhoff, Prof. Dr. H. A. Köstlin, Landrichter Dr. Adolf Lobe, Prof. Dr. Eugen Mogk, Prof. Dr. Karl Sell, Prof. Dr. Henry Thode, Prof. Dr. Oskar Weise, Prof. Dr. Jakob Wychgram

herausgegeben von

Dr. Hans Meyer.

Mit 30 Tafeln in Farbendruck, Holzschnitt und Kupferätzung.

Leipzig und Wien.
Bibliographisches Institut.
1898.

Seinem lieben Lehrer
in alter Verehrung und
Ergebenheit

Lpz. 9. XII. 98. 32 d. V.

Siehe

das deutsche Recht.

(see p. 393)

Das Deutsche Volkstum.

Vorwort.

Was ist deutsch? Diese Frage ist wohl noch niemals mit einem so lebendigen Bedürfnis nach einer die ganze deutsche Volksindividualität erfassenden Auskunft gestellt worden, wie in der Gegenwart, da das alle Kulturvölker und so auch uns mehr denn je erfüllende Nationalitätsprinzip zuvörderst für uns eine begriffliche Bestimmung der deutschen Volkseigenart erheischt. Daß jedes Volk seinen besonderen Charakter habe, ist von jeher von den Volksgenossen wie von den Fremden gefühlt und mehr oder minder klar erkannt worden; aber eine kurze, treffende Formel hat sich dafür trotz aller Versuche nicht aufstellen lassen, weil sowohl ein Volk wie seine Individualität nicht ein Einfaches, sondern vielfältige Größen sind. Wie der Charakter einer Persönlichkeit nicht mit einer Eigenschaft gedeckt werden kann, so ist auch ein Volkscharakter eine Zusammengesetztheit vieler einzelner Eigenschaften, Fähigkeiten, Neigungen, aber eine Zusammengesetztheit, die in dieser Mischung der Qualitäten einzig dasteht und eben dadurch die Volksindividualität darstellt. Die Mischung erhält wohl durch einen überwiegenden Bestandteil eine bestimmte Färbung; aber eine einzige Grundeigenschaft, aus der sich alle übrigen Eigenschaften ergäben und erklärten, ist in einem Volkscharakter so wenig wie in einem Personencharakter vorhanden.

Bei solcher Verwickeltheit des Wesens einer Volksindividualität erklärt es sich, daß die Frage „Was ist deutsch?" weder vom Ethnologen noch vom Philosophen oder vom Historiker allein beantwortet werden kann, denn sie gehört ihnen allen dreien und noch mehreren anderen Disziplinen an. Von Justus Möser und Herder bis zu de Lagarde, von Jahn und W. v. Humboldt bis zu R. G. Schultheiß und Richard M. Meyer ist die Frage für viele Seiten des deutschen Wesens mit Gründlichkeit und Erfolg untersucht und beantwortet worden, aber im Zusammenhang ist der deutsche Volkscharakter noch von keinem dargestellt worden. Sehr viel häufiger hat die „Volkskunde" die äußeren Erscheinungsformen des deutschen Volkscharakters, die geschichtlich gewordenen Sitten und Bräuche, die Rechts- und Wirtschaftsverhältnisse, die Kunst und Poesie &c. zum Gegenstand zusammenfassender Schilderungen gemacht; aber sie hat uns damit, so nützlich und dankenswert ihre Arbeiten auch sind, doch nur die äußeren Wirkungen und die Erzeugnisse des deutschen Volkscharakters geschildert, während die schöpferischen ursächlichen Kräfte, der Volkscharakter selbst, nur nebenbei in Betracht kommen.

Beides aber, Ursachen und Wirkungen, gehören zusammen: aus den Ursachen verstehen wir erst die Wirkungen, aus den Wirkungen schließen wir auf die Ursachen. Die Beziehungen des Volkscharakters zu seinen Schöpfungen und umgekehrt machen uns diese wie jenen erst ganz verständlich; ihr gemeinsamer Inhalt ist das deutsche „Volkstum". Das deutsche Volkstum als Zusammenfassung des deutschen Volkscharakters und seiner Erzeugnisse, als die organische Verbindung der psychischen Eigenschaften des deutschen Volkes und ihrer Erscheinungen im Leben und in der Geschichte des deutschen Volkes gibt uns die bündigste Auskunft auf die Frage „Was ist deutsch?"

Das deutsche Volkstum in möglichst vielseitiger Betrachtung darzustellen, und zwar so, daß das Verständnis weiten Leserkreisen gewiß ist, ohne den Reiz des Originalen für die kleinen Kreise der Sachkenner einzubüßen, ist keine leichte Aufgabe. Einer allein kann sie nicht lösen; es gehören bei der Vielfältigkeit der Materie mehrere dazu, und diese müssen nicht nur klar schauende Männer der Wissenschaft sein, sondern auch ein so lebendiges Deutschgefühl haben, daß jeder von ihnen den richtigen Maßstab des Urteils, den er an die deutschen Dinge anlegt, aus seiner eigenen Brust nehmen kann, ohne mit den anderen in Widerspruch zu geraten.

Wenn ich in dem nach langjähriger Arbeit nun vorliegenden Buch zum erstenmal den Versuch mache, unter Mitarbeit mehrerer Fachmänner die Frage „Was ist deutsch?" im oben skizzierten Sinn nach möglichst vielen Seiten und im Zusammenhang zu beantworten, bin ich mir der Mängel wohl bewußt, die einem ersten Versuch, namentlich wenn er von mehreren gemeinsam ausgeführt wird, anhaften müssen. Aber der Versuch zur Klärung der Frage mußte gemacht werden; unsere Zeit verlangt dringend danach in all dem Wirrwarr widerstreitender, sich für national haltender oder für national ausgebender Kräfte im geistigen und wirtschaftlichen Leben, in Staat und Kirche. Noch kein anderes Volk hat es unternommen, sein Volkstum in einem ähnlichen Werke aufzustellen: wir werden also auch darin vorangehen.

Beim Gewinnen geeigneter Mitarbeiter wie in anderen das Buch betreffenden Fragen hat mich Herr Prof. Dr. J. Wychgram mit Rat und That wirksam unterstützt, wofür ich ihm auch an dieser Stelle herzlich Dank sage.

Die einheitliche Auffassung der Grundgedanken war für alle Mitarbeiter des Buches dadurch gewährleistet, daß ihnen bei Beginn ihrer Arbeit mein einleitender erster Abschnitt des Buches gewissermaßen als Programm vorlag. Im übrigen hat jeder seine Materie frei nach seiner persönlichen Art behandelt. Aber im Ganzen macht das Werk hoffentlich einen so einheitlichen Eindruck, wie das redliche Bemühen zu seinem Ausbau einheitlich gewesen ist; hoffentlich erhält der Leser daraus eine klarere Antwort als bisher auf seine Frage „Was ist deutsch?"

Leipzig, Dezember 1898.

Hans Meyer.

Inhalts-Verzeichnis.

Verzeichnis der Tafeln.

Farbendrucktafeln.

Farbige Karte.

Holzschnitt-Tafeln und Kupferätzungen.

8.

Das deutsche Recht.

Von

Adolf Lobe.

Das deutsche Recht.

Wie Sprache, Dichtung und Kunst, wie Religion, Sitte und Wirtschaft, so ist auch das Recht ein Bestandteil des Gemeinlebens der Menschen, eine Lebensäußerung des Volkes. Es ist der gemeinsame Wille, der den Einzelwillen der Glieder der Gesamtheit als Richtschnur dienen soll. „Was das Recht sagt, hat statt." Recht ist also zunächst das nach diesem Gemeinwillen sowohl im einzelnen Falle „Gerichtete" — „Recht ist gerade" — als der Inbegriff aller so gerichteten „Lagen" (angelſ. lagu, frieſ. log, engl. law). Recht ist die Ordnung, „die die Welt regiert". Dieser ordnende und richtende Wille aber wird bestimmt durch die der Gemeinschaft innewohnende Überzeugung und Vorstellung von dem zu verwirklichenden Zustande der Ordnung, wonach jedem zugeteilt ist, was ihm zukommen kann, ohne die Ordnung zu stören, von der dem Menschen innewohnenden Idee des Gerechten, von dem Gefühle der Billigkeit, und so heißt das Recht selbst bei den Deutschen geradezu „Billigkeit". „Was dem Einen recht ist, ist dem andern billig", „Das ist Recht, was recht ist".

Ruht also im letzten Grunde das Recht im Gefühl der zum Gemeinleben verbundenen Volksgenossen, so muß sich auch vornehmlich im Rechte das innere Wesen dieser Volksgenossen ausprägen. Die Bethätigung des Gemeinwillens geht aber in Zeit und Raum vor sich und überdauert wie das Gemeinwesen selbst das einzelne Glied. Das Recht nimmt darum teil an der Entwickelung des Volkes und fällt unter die Gesetze dieser Entwickelung in gleicher Weise wie alle anderen Erzeugnisse des Gemeinlebens. So geben Jugend und Alter und verschiedene Bildungsstufen eines Volkes auch seinem Rechte verschiedene Gestaltung. Seine Gedanken und Vorschriften sind in der Jugend lebendig, anschaulich, bildlich, poesiedurchwoben, seine Einrichtungen einfach und kaum voneinander getrennt, das Recht selbst ist noch eins mit Sitte und Glauben und noch unmittelbare Schöpfung des ganzen Volkes. Das wird bei fortgeschrittener Entwickelung alles anders.

Nicht minder beeinflussen die wirtschaftlichen und gesellschaftlichen Verhältnisse eines Volkes, deren Regelung es ja gerade bezweckt, und die gleichsam den stofflichen Gehalt des Rechtes bilden, sein Wesen. Ein anderes ist es bei gleichmäßig verteiltem Besitz, bei Ackerwirtschaft, bei ungesondertem Eigentum an Grund und Boden, bei einfacher Gliederung des Volkes in Freie und Unfreie, ein anderes bei Sondereigentum am Ackerlande, bei vorwiegender Handels- und Gewerbthätigkeit, bei Gliederung in verschiedene Stände. Und all dies ist wieder abhängig von der Beschaffenheit des Bodens, den ein Volk bewohnt, von Gebirgen und Flüssen, von der Nähe des Meeres und vielem anderen. So wirkt dies auch auf die Bildung des Rechtes zurück.

Sehen wir doch den Einfluß von Gebirge und Ebene sogar auf die Mundarten der Sprache. Wie sich aber die niederdeutsche von der oberdeutschen Mundart scheidet, so ist auch das niederdeutsche Recht vom oberdeutschen um dieselben Schattierungen verschieden, ja es scheint sich sogar der Unterschied um dieselbe Zeit wie bei der Sprache ausgebildet zu haben. Wie wirken endlich die äußeren Schicksale eines Volkes auf Wesen und Entwickelung seines Rechtes ein, fördernd, hemmend, verändernd! Gerade das deutsche Recht hat dies zu seinem Nachteile erfahren müssen. In Zusammenhang hiermit steht die Art der Berührung mit anderen Völkern. Die Völker stehen nicht abgeschlossen nebeneinander, sondern kommen in gegenseitige Berührung, nehmen voneinander auf und tauschen miteinander aus nicht bloß Waren, sondern ebenso ihre geistigen Errungenschaften. Wie dadurch die besonderen Erzeugnisse eines Landes allen anderen Völkern zu gute kommen, so wird auch die besondere Begabung und Veranlagung eines Volkes durch diesen Austausch fruchtbar. Es wird eine gewisse Kulturgemeinschaft erzeugt, deren auch das Recht teilhaftig wird, indem es vom Rechte anderer Völker aufnimmt.

Wie aber die Völker selbst wieder untereinander verschieden sind nach Anlage und Einwirkung von Land und Klima, so sind auch die Zustände, die durch die Reife des Volkes in geistiger und wirtschaftlicher Hinsicht, durch seine inneren und äußeren Schicksale hervorgerufen werden, nicht gleich. Die Eigentümlichkeiten des Charakters eines Volkes äußern sich hier wieder bei einem jeden verschieden, wirken ihrerseits auch auf die wirtschaftlichen Zustände und äußeren Schicksale gestaltend ein, so daß doch schließlich auch das Recht und seine Entwickelung durch jene nur wieder eine besondere Färbung nach dem Volkstum erhält, verschieden in seiner Entwickelungsdauer und seinem Inhalt von dem Recht anderer Völker.

So ist denn, wie Savigny sagt, „der Stoff des Rechts durch die gesamte Vergangenheit eines Volks gegeben, nicht durch Willkür, so daß er zufällig dieser oder ein anderer sein könnte, sondern ein Ergebnis seiner Geschichte und seines innersten Wesens". Und sein großer Gegner Jhering kommt zu dem gleichen Schlusse, „daß der Geist des Volks und der Zeit auch der Geist des Rechts sei". Ist aber der Volksgeist der Schöpfer des Rechtes, so erkennen wir auch deutsches Volkstum aus deutschem Recht.

*

Als sich die Germanen von der großen arischen Völkerfamilie getrennt hatten und aus dem russischen Tieflande Osteuropas in die Gebiete der unteren Weichsel und Elbe, der Ostsee und der mitteldeutschen Gebirge einrückten, sich zwischen die stammverwandte Urbevölkerung Mitteleuropas, die Kelten, im Süden und Westen, und die Vandalen und Slawen, im Osten, einschiebend, war der Keim bereits vorhanden, aus dem künftighin das gesamte Staats- und Rechtsleben der Deutschen erblühen sollte, und er enthielt in sich die Triebe, die Volksart und Volksschicksale zur Entwickelung brachten. Diese Keimzelle deutschen Staats- und Rechtslebens ist aber die Sippe. Welche besonderen Züge deutschen Wesens gestaltend in die Entwickelung des Rechtes aus der Sippe eingegriffen und wie sie dadurch diese Entwickelung beeinflußt haben, soll die folgende Darstellung zeigen.

Nicht mild und freundlich, sondern schroff und feindlich trat dem Menschen der Urzeit das Leben entgegen. Es herrschte der Kampf, Kampf gegen die Naturgewalten, Kampf gegen die wilden Tiere, Kampf aber auch gegen den Menschen selbst. Und trotzig, zu Gewaltthaten geneigt, schildert uns Tacitus die Germanen, und eine gewisse Rauflust ist heute noch denjenigen Stämmen, die sich am reinsten erhalten haben, eigen. In diesem Kampfe aller gegen alle schuf die Blutsverwandtschaft und das Schutzbedürfnis den Frieden. Es war natürlich, daß diejenigen, die gleichen Blutes waren, sich zusammenschlossen und zusammenhielten nach innen und außen. Bei ihnen zeigte sich die Gleichheit des Blutes so mächtig, daß sie sich nicht als einzelne, sondern als Genossen von gleichem Fleisch und Bein gegenüberstanden, als einander „Angehörige" (got. sibja, althochd. sippea, angels. syb, lat. suus), und so bildeten die Blutsverwandten, die „Sippe", die ursprünglichste Genossenschaft der Germanen. In vorgeschichtlicher Zeit beruhte die Zugehörigkeit zur Sippe auf Blutsverwandtschaft ohne Beschränkung auf bestimmte Gradesnähe — „Freundesblut wallt, und wenn es auch nur ein Tropfen ist" — und vermittelt wurde sie allein durch die Mutter. Das war selbstverständlich, solange noch Weibergemeinschaft bestand. Ein Nachklang in geschichtlicher Zeit an diese anfangs nur durch die Mutter vermittelte Verwandtschaft findet sich noch bei Tacitus, wenn er sagt: „Die Schwestersöhne stehen dem Oheim so nahe wie dem eigenen Vater. Manche sehen diese Blutsverwandtschaft noch für heiliger und inniger an und bringen bei Abforderung von Geißeln besonders auf solche Kinder; als wären diese fürs Gewissen ein festeres, für die Familie ein umfassenderes Band." Zwischen diesen Sippegenossen untereinander also besteht ein Zustand der Schonung, der gegenseitigen Unverletzlichkeit, es herrscht „Friede", sie sind „Freunde" (frija = geschont). Das aber ist der Zustand der Ordnung, der dem Rechtszustande gleich ist, und so wird das Recht bei den Deutschen auch zutreffend geradezu „Friede" genannt (man denke nur an die „Landfrieden"), wie umgekehrt das gotische sibjis, zur Sippe gehörig, die Bedeutung von friedlich und rechtlich erlangt hat (angels. syb). Es zeigt sich also schon hier der Begriff der Germanen vom Recht als eines dem Kampf entgegengesetzten Zustandes. Und Friede und Kampf wurden ihm die Bildner des Rechtes.

Wie die Sippe nach innen der älteste Friedensverband, so ist sie naturgemäß nach außen der älteste Schutzverband. Wer ihm angehört, ist als „Geschonter" auch vor den Angriffen der Nichtblutsverwandten geschützt, denn hinter ihm stehen seine Sippegenossen zum Schutze bereit, er ist also sicher vor Verknechtung durch einen Stärkeren, vor dem er den Nacken nicht zu beugen braucht, er ist zugleich „frei" (ebenfalls von frija abgeleitet), ein Freihals (got. freihals, althochd. frihals, angels. fréols). Dieser Schutzverband äußerte sich später noch im Kriege; nach Tacitus waren die Heeresabteilungen aus den Sippegenossen so zusammengesetzt, daß diese gemeinsam und nebeneinander, ursprünglich sogar wohl unter einem gemeinsamen Anführer kämpften.

Die Sippe ist ferner die älteste Kultgenossenschaft. Eduard v. Hartmann unterscheidet in den Anfängen der Religion die Verehrung zunächst von Naturgegenständen unmittelbar, die dem Menschen als gewaltig und schädigend, also furchterregend gegenübertreten, wie das Meer, der Sturm, der Blitz, der Berg (z. B. ist eine uralte germanische Gottheit Fiörgynn = Berg, dann Wolke und Gewitter), und stellt als besonderen Gegenstand solcher Verehrung auch die menschlichen Seelen Abgeschiedener hin. Denn die naive Auffassung des ursprünglichen Menschen stellt sich auch die Seele stofflich vor, wenn auch von feinerem, zarterem Stoff als den leiblichen Körper. Daher begegnen wir bei allen jugendlichen Völkern der Sitte, der Schmächtigkeit der Seele durch Darreichung von Nahrung aufzuhelfen, die man aufs Grab des Verstorbenen setzte. Denn dieses umschwebt die Seele, um aus dem Leichnam noch ihre Kraft zu ziehen. Hatte nun schon der Lebende oft über übernatürliche Kräfte zu verfügen und vermochte er zu zaubern, eine Fähigkeit, die die Germanen namentlich den Frauen zuschrieben (man denke an die Seherin Veleda und die späteren Hexenprozesse!), so konnte dies auch die Seele des Abgeschiedenen, denn es war ja eine Kraft, die an der Seele haftete. Es konnten also auch die Seelen Verstorbener noch durch ihre Zauberkunst schaden, wenn sie verletzt und gekränkt wurden, und es empfahl sich daher, ihnen weiterhin schuldige Ehrfurcht zu bezeigen. So entwickelte sich in Verbindung mit der fortdauernden Liebe und Ehrfurcht, die man dem Lebenden gezollt hatte, auf natürlichem Wege der Ahnenkultus. Die Pflegerin des Kultus des gemeinsamen Ahnen aber war die Sippe, die Genossenschaft der Blutsverwandten des gemeinsamen Ahnen, ebenso wie sie die Kränkung der Seele jedes einzelnen hingeschiedenen Sippegenossen zu verhüten hatte. Und diese Kultgemeinschaft war nicht minder ein festes Band, das die Blutsverwandten zusammenhielt.

Endlich war die Sippe zugleich eine wirtschaftliche Genossenschaft: es bestand Gemeinsamkeit der Habe, also insbesondere des Viehstandes (got. arbi, althochd. erbi), und gemeinschaftliche Bewirtschaftung des Feldes. Höchstens Waffen, Jagdgeräte, Kleidung galten als höchstpersönliches Eigentum, aber sie wurden dem Toten ins Grab mitgegeben, sie behielt gleichsam zum weiteren Gebrauch des Abgeschiedenen Seele.

Wollte aber die Sippe diese vorbezeichneten Aufgaben erfüllen, so bedurfte sie der Erzeugung eines Gemeinwillens, der die Handlungen der einzelnen Sippegenossen gemäß diesen Aufgaben regelte, und somit entstand von selbst, obschon unbewußt, das Recht: die ordnende Macht der Gemeinschaft, hervorgebracht durch die gemeinsame Überzeugung von der Notwendigkeit eines bestimmten Handelns und kundgegeben eben durch dieses Handeln. So wurde die Sippe die erste Quelle des Rechtes.

1. Das Genossenschaftliche im Recht und die Mannigfaltigkeit der Rechtsquellen.

Es ist dem deutschen Rechte nicht vergönnt gewesen, in einheitlicher steter Entwickelung aus einer Rechtsquelle, deren Geltungsgebiet allmählich nur weiter und weiter wurde, sich fortzubilden. Hierdurch steht es im vollen Gegensatze zum römischen Rechte, das von dem einen Mittelpunkte, Rom, ausfloß, und zum Kirchenrecht, dessen Mittelpunkt wiederum Rom war. Bodenverhältnisse und wirtschaftliche Verhältnisse trafen zusammen mit der Neigung des Germanen, sich einerseits in kleinere Genossenschaften zusammenzuschließen, damit aber zugleich anderseits sich abzuschließen. Und damit treffen wir auf die erste charakteristische Eigentümlichkeit deutschen Volkstums, die hervorragend die Rechtsentwickelung beeinflußt hat. Wie das gleiche Blut, das in dem Einzelnen fließt, eng die Blutsgenossen aneinander kettet, so trennt es auch wieder von denen, in deren Adern eine andere Mischung Blutes rollt, und dieser Zusammenschluß und Abschluß setzt sich fort in den allmählich entstehenden weiteren Verbänden der Hundertschaften, Gemeinden, Markgenossenschaften, Völkerschaften, Stämmen, und immer besteht wieder die Neigung, auch nach Ausbildung dieser weiteren Genossenschaften nicht nur die alten zu bewahren, sondern neue kleinere, andere Genossenschaften zu bilden und damit die größeren zu durchsetzen. Diese Neigung, sich in engere und kleinere Genossenschaften zusammenzuschließen, überträgt sich von der Blutsverwandtschaft auf die Berufsverwandtschaft und die Verwandtschaft der Lebensverhältnisse überhaupt und feiert jetzt noch beim Deutschen in der „Vereinsmeierei" ihre Triumphe. Jede einzelne Genossenschaft aber wird für ihren Kreis und ihr Gebiet lange Zeit hindurch zur Rechtsquelle, die dem des größeren Kreises vorgeht, und so gilt „so manch Gebiet, so manches Recht!" Die gesamte Entwickelung der Quellen des deutschen Rechtes ist fast mehr noch als die Geschichte der Staatenbildung ein einziger Beleg für die genossenschaftlich-partikularistische Neigung des Deutschen, die schon die Verbindung der Sippe so fest machte. Ein kurzer Überblick mag dies zeigen.

Die erste Periode ist die der Bildung von Völkerschaften und Stämmen. Sie schließt mit der Ausbildung von Stammesrechten. Die Sippe erweiterte sich zu Hundertschaften, die Hundertschaften zu Völkerschaften, den größeren Genossenschaften freier Leute. Und wie die Völkerschaft nur die erweiterte Sippe ist oder eine Gemeinschaft mehrerer Sippen, so ist auch der zwischen den Volksgenossen bestehende Friede von gleicher Art wie der zwischen den Sippegenossen bestehende Friede. Unter den Volksgenossen herrscht gegenseitige Schonung; wer aus der Volksgenossenschaft ausgeschlossen ist, wird friedlos und damit zugleich notwendig rechtlos und schutzlos. Er wird zum Feinde des Volkes und darf nicht mehr unter ihm leben, er wird gleichsam zum Tier, muß in den Wald fliehen und wie der Wolf dort außer der Gemeinschaft von Menschen leben. Er heißt darum geradezu Waldgänger und Wolf. Und ebenso erweitert sich die Kultgenossenschaft der Sippe zur Kultgenossenschaft des Volkes. Denn in der weiteren Entwickelung der religiösen Vorstellungen verliert sich die Auffassung, daß der Naturgegenstand selber der Gott sei. Man sah bei seinen Wanderzügen, daß überall derselbe Himmel, dieselbe Sonne, überall Wolke und Blitz und Donner vorhanden war, und indem man das Gemeinsame, gleichsam den Gattungsbegriff herausfand, wurde das Gemeinsame der Gott und die einzelnen Erscheinungen bildeten nur noch seine besonderen Merkzeichen. Und auf der anderen Seite verallgemeinerte sich der Kultus des Ahnen der Sippe mit dem Auswachsen der Sippe zur Völkerschaft notwendig zum Kultus der Völkerschaft; wie aber das Gefühl gemeinsamer Abstammung und Blutsverwandtschaft bei den Volksgenossen sich verflüchtigte, so auch das Gefühl der Abhängigkeit und Abstammung vom gemeinsamen Ahnen. Dies blieb vielmehr nur bei den unmittelbaren Abkömmlingen, den unmittelbaren Sippegenossen lebendig. Da aber die Volksgenossen den gemeinsamen Ahn mit den ihren Vorstellungen nun näher stehenden Naturgottheiten verbanden, so wurden diese durch jene Verbindung zugleich zu Volksgottheiten, von denen nur noch die unmittelbaren Nachkommen des mit den Naturgöttern verbundenen Ahnen ihre Abstammung herleiteten. Das waren aber naturgemäß die ältesten Geschlechter, und so entsteht der Adel, die Adalinge, die Angehörigen des „Geschlechtes" schlechthin, denn adal bedeutet Geschlecht. Diese ältesten Geschlechter hatten ein natürliches Übergewicht über die jüngeren Abzweigungen der Sippe, und so wurden sie leicht auch zu den führenden Geschlechtern der ganzen Völkerschaft, aus denen diese ihre Heerführer, Priester, Richter und Häuptlinge wählte. Vermöge ihrer engen Beziehung zum Volksgott kommen ihren Angehörigen sogar übernatürliche Kräfte zu, sie verstehen z. B. die Vogelsprache, und in ihrem Geschlechte schirmt und schützt ihr Urahn und Volksgott das gesamte Volk.

Die zur Völkerschaft geeinigte Genossenschaft bethätigte sich in der Versammlung aller Volksgenossen der Landesgemeinde, der Völkerschaftsversammlung, der Versammlung aller wehrhaften und freien Genossen. Sie war Heerversammlung, Kultversammlung und Gerichtsversammlung zugleich; bei ihr fand darum die Rechtsüberzeugung aller Volksgenossen den natürlichen Ausdruck. Wuchs dann die Volksgenossenschaft, so daß eine thatsächliche Lebensgemeinschaft und eine regelmäßige Versammlung aller nicht mehr möglich war, so spaltete sich leicht eine andere Völkerschaft mit anderer Heeres- und Gerichtsversammlung ab, und mit der neuen Völkerschaft entstand wieder eine neue Rechtsquelle. In eine große Anzahl derartiger einzelner Völkerschaften, die sich höchstens zu vorübergehendem Kriegsbündnisse vereinten, zerfiel lange Zeit das germanische Volk.

Nachdem das von ihm ursprünglich besetzte Gebiet zwischen Weichsel und Elbe für seine noch halb nomadische Lebensweise zu eng geworden war, zogen einzelne Völkerschaften gen

Norden weiter bis nach Skandinavien und trennten sich so als Nordgermanen von ihren auf dem Festlande wohnenden Brüdern ab. Die Zurückbleibenden breiteten sich zunächst in den Gebieten des jetzigen Nordostdeutschlands aus, umgrenzt im Westen von der Weser und im Süden vom mitteldeutschen Gebirgsstock, dem Hercynischen Walde. Von dem einen südlichen Hauptstamme der Kelten, den Volken, d. h. den Schnellen, nannten sie diese angrenzenden nachbarlichen Völkerschaften überhaupt die „Welschen", während sie ihrerseits von den Kelten im Westen den Namen der „Germanen", d. h. der Nachbarn, empfingen. Schließlich aber, etwa 300 v. Chr. — und jetzt treten wir in bestimmtere geschichtliche Zeiten ein — durchbrachen die westlichen germanischen Völkerschaften, genötigt durch die anwachsende Volkszahl und noch nicht geneigt, ihre halbnomadische Vieh- und Weidewirtschaft aufzugeben, den Hercynischen Wald, und die Völkerschaften der Chatten und Markomannen vertrieben aus dem Mainlande die Kelten nach dem jetzigen Böhmen, das von den Bojern, einer der keltischen Völkerschaften, die sich dort niederließen, den Namen empfing.

Andere germanische Völkerschaften drängten dann im Laufe der Jahrhunderte über die Weser bis zum unteren Rhein vor, bis ihnen Cäsar endlich mit seinen römischen Heeren entgegentrat, sie zurückwarf und so die erste Wanderung der westgermanischen Völkerschaften zum Stehen brachte. Dies wurde für die weitere Entwickelung entscheidend.

Die Stauung, die die Völkerbewegung im Westen erfuhr, hatte ein Doppeltes zur Folge: Einmal die Abzweigung der östlichen Germanen. Da ihnen Raum gegeben war, nach Südosten auszuweichen und dadurch die altgewohnte Lebensweise aufrecht zu erhalten, so zogen sie allmählich nach Südosten, sogar bis ans Schwarze Meer. Die lockere Verbindung mit Grund und Boden, die sie beibehielten, hatte freilich auch zur Folge, daß sie später dem Anprall der Hunnen nicht widerstehen konnten, sondern sich durch deren Bewegung mit fortreißen ließen, die Gebiete des römischen Reiches überfluteten und dort schließlich an der höheren Kultur der eroberten Länder in Vermischung mit den Römern zu Grunde gingen. Die Früchte hiervon fielen aber später den Westgermanen zu. Denn wie durch das eindringende germanische Blut die romanischen Völker selbst einer Auffrischung und Umwandlung unterzogen wurden, so zeigte sich, wie in der Brechung der Sprache, so auch im römischen Rechte der Einfluß germanischer Gedanken. Wie das Vulgärlatein, so bildete sich das Vulgärrecht aus dem ursprünglichen, klassischen römischen Rechte fort und bewirkte, daß die Aufnahme und Einwirkung des römischen Rechtes durch die Deutschen in späterer Zeit wesentlich erleichtert wurde.

Die andere Folge der Stauung dagegen war, daß die Völkerschaften der westlichen Germanen, die nicht ausweichen konnten, genötigt wurden, allmählich ihre Lebensweise zu ändern und mehr und mehr seßhaft zu werden. Die Sippegenossen oder auch wohl Vereine mehrerer Geschlechter nahmen Grund und Boden in dauernderen Besitz, besiedelten ihn je nach Neigung und Bodenverhältnissen in Form von Dorfschaften oder Einzelhöfen innerhalb der gemeinen Feldmark, und so entstanden Markgemeinden, Dörfer und Bauerschaften. Diese Genossenschaften aber beruhten bald nicht mehr ausschließlich auf den Personen, sondern auf dem besiedelten Gebiete, waren somit von größerer Stetigkeit und Festigkeit und traten bald selbständig als besondere Genossenschaften und damit auch als besondere Rechtsquellen den Sippegenossenschaften gegenüber, indem sie zum Teil die Aufgaben, die ursprünglich der Sippe zufielen, an sich zogen. Da die Kämpfe mit den Römern weiter die westlichen Germanen zum Zusammenschluß in größere Verbände zwangen, so traten allmählich unter ihnen drei große Völkerschaftsvereinigungen hervor: die Ingävonen längs der Nordsee, die Istävonen rechts vom mittleren Rhein und die Hermionen im Harz und Thüringer Walde, Vereinigungen, die zwar zunächst noch nicht zu Rechtsquellen wurden — diese blieben nach wie vor die einzelnen Völkerschaften — die späteren Stammesbildungen aber vorbereiteten.

Bevor es zu diesen Stammesbildungen kam, war jedoch den Germanen bereits einmal vom Schicksale die Gelegenheit zur Schaffung eines einzigen großen Reiches und damit einer einheitlichen Rechtsquelle geboten gewesen, von ihnen aber versäumt worden. Die fortwährenden Einfälle in gallisches Gebiet, um für die zunehmende Bevölkerung neues Land zu gewinnen, hatten die Römer zum Gegenstoß gezwungen, und unter Drusus und Tiberius war es ihnen gelungen, bis zur Elbe hin die Germanen ihrer Herrschaft zu unterwerfen. Die Markomannen wurden sogar aus ihren Sitzen im Mainlande nach Osten gedrängt und mußten das von den Bojern wieder verlassene Bojohämum (die Heimat der Bojer) einnehmen. Da gelang es endlich Armin, dem Fürsten der Cherusker, einer der Völkerschaften der Hermionen, einige nordwestliche Völkerschaften, darunter z. B. auch die damals noch an der unteren Elbe wohnenden Langobarden — noch jetzt heißt eine Gegend dort danach der Bardengau — zur Erhebung gegen die Römer zu bringen und Varus im Teutoburger Walde zu schlagen. So war Germanien wieder frei von römischer Herrschaft und eigener Entwickelung überlassen, denn die späteren Siege des Germanicus blieben ohne politischen Erfolg. Auch nach dem Kriege versuchte Armin zunächst die Völkerschaften im Bunde zusammenzuhalten; so bot sich jetzt zum ersten Male den Germanen die Gelegenheit, eine große Genossenschaft und damit eine einheitliche Rechtsquelle für mehrere Völkerschaften zu bilden oder wenigstens die Grundlage hierfür zu schaffen. Aber es zeigte sich, daß sie noch nicht reif dafür waren. Die wirtschaftlichen Bedürfnisse zwangen noch nicht zu dieser großen Vereinigung, sondern wurden durch kleinere Genossenschaften und Verbände besser befriedigt; mit der Bedrohung durch den äußeren Feind war aber der einzige Zwang zum Zusammenhalten weggefallen, und so vermochte Armin die herzogliche Gewalt, die Führerschaft im Kriege, im Frieden nicht aufrecht zu erhalten. Die anderen Völkerschaften widerstrebten, und er fiel durch Verrat.

Und doch beginnt von nun an die Zeit, wo sich mehrere Völkerschaften immer enger miteinander verschmelzen. Die wachsende Volkszahl zwang sie, sich mehr Raum zu verschaffen und die alten Züge über den Rhein zur Landeroberung wieder aufzunehmen. Schon diese Kämpfe führten dazu, sich in größere Bündnisse zusammenzuschließen. Vor allem brachte aber die wachsende Volkszahl auch im Inneren notwendig eine größere Annäherung der einzelnen Völkerschaften. Standen diese früher, getrennt durch unbewohnte Flächen und Urwald, unverbunden nebeneinander, so brachten die Vermehrung der Volkszahl und zunehmende Rodungen zur Schaffung von Wohnsitzen sie auch räumlich näher, und so kam es, daß nunmehr diese durch Kriegsbündnisse vereinten und räumlich zusammengerückten Völkerschaften allmählich zu größeren Genossenschaften verschmolzen, bei denen in der Regel die Völkerschaft, die die zahlreichste war, und der im Kriege die Führerschaft zustand, das Übergewicht erlangte. Diese größeren Völkerschaftsgenossenschaften aber wurden die Stämme. Sie bildeten fernerhin die Grundlage des deutschen Volkes und haben ihre Eigentümlichkeiten zum größten Teile bis zum heutigen Tage bewahrt. So verbanden sich die am Ober- und Mittelrhein sitzenden suevischen Völkerschaften, namentlich die Semnonen, die der früheren größeren Gruppe der Hermionen angehörten, als Alamannen (d. h. Verbündete). Am Niederrhein schlossen sich Völkerschaften der früheren Istävonen, insbesondere die Chattuarier und Salier (die an der Isala [Issel] wohnenden), einerseits, die Amsivarier, Chamaver, Brukterer und Ribuarier anderseits, als Franken (die

Freien) zusammen. Von den Ingävonen vereinigten sich die Chauken, Cherusker, Angrivarier und Sachsen (Sassen) unter dem Namen der letzteren am rechten Ufer der unteren Elbe bis zum Harz zu einem größeren Völkerschaftsverbande, während andere von ihnen nach Britannien zogen, um dort selbständige Königreiche zu gründen. Zwischen den Franken und Sachsen aber saßen an der Nordseeküste die Friesen; die Hermunduren und die niederdeutschen Völkerschaften der Angeln und Warnen bildeten die Thüringer. Die Markomannen endlich, die sich, wie wir sahen, in der alten Heimat der Bojer festgesetzt hatten, wanderten vereint mit den Quaden wieder zurück gen Westen und Süden in die von den durchziehenden Goten- und Vandalenheeren verwüsteten und entvölkerten Gebiete der Alpen und Donauländer, ihren Namen als Baiern aus dem Heimatlande der Boji mit sich führend.

In diesen größeren zu einheitlichen Volksstämmen sich ausbildenden Genossenschaften öffnete sich nun zum ersten Male eine Rechtsquelle, deren Geltungsgebiet über die Völkerschaft hinausgriff, und aus der gemeinsames Recht für mehrere Völkerschaften entsprang. Nicht daß alsbald das Sonderrecht der Völkerschaften völlig aufging in diesem gemeinsamen Stammesrechte. Das Völkerschaftsrecht behielt noch lange Zeit seinen besonderen Bestand. Noch zur Zeit der Aufzeichnung der Stammesrechte unterscheidet z. B. die lex Saxonum zwischen dem Rechte der einzelnen Völkerschaften ihres Stammes, der Westfalen, Engern und Ostfalen, die Ewa Chamavorum tritt als Partikularrecht vom Rechte der übrigen Franken hervor, und so haben alle Völkerschaften und deren kleinere Genossenschaften noch ihre besondere Rechtsbildung gehabt. Über alle erstreckte sich doch aber als gemeinsames Recht das Stammesrecht und schied sich in seiner besonderen Art vom Rechte der übrigen Stämme in gleichem Maße, wie allmählich die Sprache zwischen Ober- und Niederdeutsch anfing verschiedenen Klang zu bekommen. Und bei all dieser Verschiedenheit nach den Stämmen bewahrte es gleichwohl wieder im Grunde eine weitgehende Übereinstimmung miteinander, so wie die gesamten Westgermanen ihrer Entwickelung nach sich als größeres von den Ostgermanen gesondertes Ganze darstellten. Bis ins 13. Jahrhundert blieben die genannten Stämme die vornehmlichsten Träger des Rechtes. Dessen Eigentümlichkeit aber besteht vor allem darin, daß sein Rechtsgebiet nicht wie heute ein Land mit seinen Bewohnern ist, sondern die Stammesgenossen in ihrer Persönlichkeit, gleichviel, wo sie sind. Sie tragen ihr Recht mit sich, wohin sie kommen. Hierin eben zeigt sich noch die Nachwirkung der alten Unseßhaftigkeit und der Entstehung der Stämme als persönlicher Genossenschaften, herausgewachsen aus den Völkerschaften und Sippeverbänden.

Wichtig übrigens wird diese der Person des Stammesgenossen anhaftende Geltung des Stammesrechts, als sich in späterer Zeit die verschiedenen Stämme zu einem Reiche wenigstens äußerlich vereinigten und neben sie als Glieder dieses Reiches die Römer traten, die ihrerseits nach römischem Rechte lebten. Dies rief das Bedürfnis zur Aufzeichnung des Stammesrechts wach, desto dringender, je bunter die Mischung der Bevölkerung in den einzelnen den Römern abgenommenen Gebieten war. Hierzu kam dann noch der Eintritt der Germanen in die römische Kultur und die Aufnahme des Christentums, die eine innere Umwandlung des Rechtes hervorrief und dadurch ebenfalls zu seiner Aufzeichnung, die oft geradezu der Christianisierung dienen sollte, führte. Dieser christlich-römische Anstoß für die Aufzeichnung der Stammesrechte bewirkte denn auch, daß sie bei den Stämmen zuerst stattfand, die zunächst und am meisten mit der christlich-römischen Kultur in Berührung kamen und, da zu jener Zeit die Bildung eben christlich-römisch war, daß die Aufzeichnung in lateinischer Sprache erfolgte, und zwar im Vulgärlatein der Zeit. So entstanden die sogenannten leges barbarorum.

Die älteste Aufzeichnung des Volksrechtes der salischen Franken, der lex Salica, geschah in der Zeit des Frankenkönigs Chlodowech bald nach der Gründung des Frankenreichs. Erst in der Karolingischen Zeit entstand die lex Ribuaria, dann die Ewa Chamavorum. Erst im 8. Jahrhundert wurden die lex Alamannorum, lex Baiuvariorum, lex Frisionum, lex Saxonum, lex Thuringorum aufgezeichnet. Auch das Volksrecht der Römer des fränkischen Staates wurde vielfach niedergeschrieben.

Die Fortbildung des Rechtes des Stammes geschah jetzt aber im Gegensatz zu dem Rechte der Völkerschaften nicht mehr in Versammlungen des ganzen Stammes, denn das war wegen der Größe der Volkszahl nicht möglich, sondern blieb bei den Versammlungen der Völkerschaften, der Landesgemeinde, ja verlegte ihren Schwerpunkt sogar in die ebenfalls noch bestehenden Versammlungen der Hundertschaften, die nun vornehmlich zu Gerichtsgemeinden wurden. Wenn auch später auf Weisung des die Gerichtsversammlung leitenden Richters entweder ausgewählte „Rechtssprecher" oder ein Ausschuß der Gerichtsgemeinde, die „Rachimburgen" (d. h. Ratgeber), den Urteilsvorschlag machten, so bedurfte dieser doch immer noch der Zustimmung, des „Vollworts", der umstehenden Gerichtsgemeinde, so daß nach wie vor im Urteile die Rechtsüberzeugung der ganzen Versammlung zum Ausdruck kam.

Nach der Ausbildung der Stammesrechte beginnt in der Entwickelung der Rechtsquellen eine zweite Periode, deren Kennzeichen das Streben ist, über die sämtlichen Stammesrechte ein einheitliches, alle umfassendes Recht zu setzen, nämlich das Recht des fränkischen Stammes zur allgemeinen Geltung zu bringen. Hierbei aber tritt zum ersten Male als rechtsbildende Macht, im Gegensatz zur genossenschaftlichen Bildung, das Königtum auf. Herrschaft und Genossenschaft streiten von nun an um den Vorrang in der Erzeugung von Rechtsquellen. Es wiederholt sich hier im großen, was im kleineren Kreise zwischen Sippe und Hausherrschaft stattfindet. Wie die Sippe vom ältesten und hervorragendsten Mitgliede geführt wurde, so stand, als sich die Sippe in Hundertschaften und Gaue erweitert hatte, an deren Spitze als Häuptling einer aus dem ältesten Geschlechte, dem Adel. Er wie die Mitglieder dieses führenden Geschlechtes hießen Könige, althochd. Chuning, sprachlich verwandt mit chunni = Geschlecht, Stamm. Sie aber waren von den Genossen gewählte Beamte, die ihre Gewalt lediglich im Auftrage dieser führten und der Zustimmung der Versammlung der Genossen bedurften. Als sich die Hundertschaften und Gaue zu Völkerschaften erweiterten, bildeten diese Könige der vereinigten Gaue die Leitung der Völkerschaft, und nur im Kriege wählten sie einen zum Heerführer, zum Herzog. So war es noch z. B. zu Cäsars Zeit. Aber die ständigen Kriege beförderten es, daß einzelne solcher Führer sich zu Einherrschern auch im Frieden über die ganze Völkerschaft emporschwangen, sofern sie eine machtvolle Persönlichkeit waren, und so bildete sich allmählich ein Großkönigtum, ein Volkskönigtum über die Kleinkönige oder Gaukönige, und mit den Stämmen wuchs dieses naturgemäß in ein Stammeskönigtum aus: zuerst bei den Alamannen, Salfranken, Ribuariern, Thüringern, Bayern, zuletzt bei den Friesen, und nur die Altsachsen haben es nicht erlangt, sondern sind bei den Unterkönigen mit dem Herzogtum im Kriege stehen geblieben. Mit dem Königtum aber war die Fähigkeit gegeben, mehrere Völkerschaften zusammenzuhalten, größere Reiche zu bilden. Denn nur mächtige Persönlichkeiten gründen Reiche als einheitliches Ganze, Völkerschaften bringen es höchstens zu Bundesstaaten. Darum ist die Entstehung des Großkönigtums bei den Germanen wichtig gewesen sowohl für die Bildung der Stämme überhaupt, als auch besonders dafür, daß ein Rechtsgebiet, das die gesamten Stämme umfaßte und einheitliches Recht erzeugte, geschaffen wurde. Diese Aufgabe aber erfüllten die fränkischen Könige.

Wiederum war es zunächst die zunehmende Bevölkerung und das Bedürfnis, neue Wohnsitze dem Volke zu schaffen, die den salischen Zweig der Franken veranlaßten, die Sitze am Niederrhein auszudehnen, die untere Maas nach Süden zu überschreiten und, der Schelde folgend, das Land bis zur Somme allmählich seiner Herrschaft zu unterwerfen. Bald war es aber nicht mehr bloß das Bedürfnis, sondern Eroberungs- und Herrschsucht der salischen Könige aus dem Geschlechte der Merowinger, die die Eroberungszüge zur Stärkung ihrer eigenen Hausmacht fortsetzten. Chlodowech (481—511) eroberte das Land bis zur Seine und unterwarf sich schließlich auch die ribuarischen Franken. So hatte er eine Macht angesammelt, wie nie bisher ein germanischer König, und mit Hilfe dieser Macht unterwarfen allmählich die Frankenkönige nicht nur ganz Gallien, sondern auch die übrigen germanischen Stämme. Aber es war kein einheitliches Reich, sondern das eroberte Gebiet zerfiel in zwei verschiedene Nationalitäten, in zwei getrennte Hälften: Neustrien mit der überwiegend romanischen Bevölkerung, den Franken und Galliern einerseits, und Austrasien mit der rein germanischen Bevölkerung anderseits. Fast wäre dieses nur durch äußere Macht zusammengehaltene große Reich wegen der Schwäche der späteren Merowinger bald wieder auseinander gefallen, ohne irgend eine Spur für die Rechtsentwickelung hinterlassen und eine gemeinsame Rechtsquelle erzeugt zu haben, wenn nicht Karl Martell aus dem arnulfingischen Herzogshause Austrasiens die Königsgewalt übernommen und die auseinanderstrebenden Stämme wieder zusammengefügt hätte. Mit Pipin ging dann auch formell die Königswürde auf die Arnulfinger über, und unter Karl dem Großen stand das Königtum auf der Höhe seiner Macht. Das aber wurde vom größten Einfluß auf die Entwickelung des germanischen Rechtes: es wurde ein alle Stämme umfassendes Reichsrecht geschaffen und durch die Annahme des fränkischen Rechtes bei den übrigen Stämmen deren Verschiedenheit zum Teil ausgeglichen. Dem vom König unmittelbar ausgehenden Rechte und dem fränkischen Rechte fiel hier, wenn freilich auch in bescheidenerem Maße, eine ähnliche Aufgabe zu, wie sie etwa achthundert Jahre später dem römischen Rechte ward. Ja Karl d. Gr. hatte sogar den Plan gefaßt, alle Verschiedenheit zwischen den einzelnen Stammesrechten zu beseitigen, und der Bischof Agobard von Lyon stellte später unter Ludwig dem Frommen geradezu den Antrag, das fränkische Recht zum allgemeinen Reichsrechte zu erheben, etwa wie man in unseren Tagen vorgeschlagen hatte, das preußische Landrecht oder das sächsische bürgerliche Gesetzbuch zum deutschen bürgerlichen Gesetzbuche zu machen.

Zunächst wirkte der fränkische König durch seine Verordnungsgewalt, die Reichsrecht über dem Stammesrecht schuf, einheitlich auf die Rechtsbildung ein. Zum ersten Male trat neben das Gewohnheitsrecht, das sich in der Übung des Volkes und der Volksgerichte kundgab, das durch Herrscherwillen gesetzte Recht. „Königs Satzung, die ist Recht." Neben das Volksrecht trat teils ergänzend, teils gleichberechtigt, teils in Widerstreit mit ihm das Königsrecht, kundgegeben durch Edikte bei den Merowingern, durch Kapitularien bei den Karolingern. Selbständiges Königsrecht neben das Volksrecht wurde ferner durch die Banngewalt des Königs gesetzt, vermöge deren er Frieden gebot. So wurde der Volksfriede erhöht zum Königsfrieden. Da alles Recht aber den Germanen als Sicherung des Friedens galt, der Friede selbst war, so schufen diese Bannverordnungen Recht.

Sodann verschaffte dem fränkischen Recht Einfluß auf das übrige Recht der Stämme einmal die bereits erwähnte Aufzeichnung der Stammesrechte, wobei viele Anlehnungen an die zuerst vorhandenen Aufzeichnungen des fränkischen Rechtes stattfanden, das andre Mal war es das Königsgericht und die Einrichtung der königlichen Sendboten, die überall, wohin sie kamen,

Gericht halten konnten und für Verbreitung und Geltung des fränkischen Rechtes wirkten. Denn da sie zumeist aus dem herrschenden Stamme der Franken genommen waren, im Königsgericht aber gleichfalls Männer fränkischen Rechtes saßen, so war es natürlich, daß diesem eine weitgehende Anwendung gesichert war.

In der dritten Periode (dem Mittelalter) löst sich die Entwickelung der germanischen Stammesrechte von dem Einflusse des fränkischen Stammesrechts, und es sondert sich das deutsche Recht ab, als Recht einer selbständigen Genossenschaft, des deutschen Reiches. Als Karl d. Gr. 814 zu Aachen gestorben war, zeigte es sich, daß seine Schöpfung nicht die Gründung einer einheitlichen, organisch miteinander verbundenen Genossenschaft gewesen war, daß die Einheit nur in der Macht seines Willens, nicht in den natürlichen Verhältnissen beruht hatte. Mit der Teilung von Verdun im August 843 zufolge der Zwistigkeiten im fränkischen Königshause und mit der späteren Teilung vom Jahre 870 zwischen Karl dem Kahlen und Ludwig dem Deutschen war der Grund gelegt, auf dem nunmehr die selbständige Ausbildung des westfränkischen (französischen) und des ostfränkischen (deutschen) Reiches vor sich ging. Jenes behielt die größere Geschlossenheit und Einheitlichkeit bei, die es durch die Herrschaft der fränkischen Könige erlangt hatte und die dem von Romanen stark durchsetzten Volkstume gemäß war, in diesem aber, in dem die Stämme ihre Selbständigkeit auch unter der fränkischen Herrschaft nicht eingebüßt hatten, konnte sich nun der Zug des Germanen nach Ausbildung getrennter Genossenschaften und Rechtsquellen wieder ungestört bethätigen. So wurde von Anfang an dem fränkischen Reiche die Einheit der Regierungsgewalt und dem Rechte die Einheit der Entwickelung gewahrt, die dem deutschen Reiche fehlten.

Mit der Loslösung vom westlichen Frankenreiche wuchs zunächst aber auch das Gefühl der Zusammengehörigkeit der Stämme Ostfrankens, zumal diese nunmehr auf die Ausbreitung nach Osten hin angewiesen waren und dadurch in den Kämpfen mit den Slawen in gleicher Weise zum Bewußtsein ihres gemeinsamen Volkstums gebracht wurden, wie vorher in ihrer Ausbreitung nach Westen hin in den Kämpfen mit den Römern. Jetzt tritt auch die seit dem 8. Jahrhundert nur für die volkstümliche im Gegensatz zur römischen Sprache entstandene Bezeichnung „deutsch“ (von got. thiuda, althochd. diot = Volk) als der Gesamtname der Angehörigen Ostfrankens auf. Wie diese staatliche Trennung die Ausbildung eines besonderen deutschen Volkstums, so hatte sie auch die Entstehung eines volkstümlichen deutschen Rechtes zur Folge, die bereits verwelschten fränkischen Stämme im Westen ihrer eigenen Entwickelung überlassend. Aber freilich war das Recht nur in seinen Grundzügen gemeinsam. Mit dem Wegfall einer kräftigen Zentralgewalt schwand zugleich fast vollständig das einheitliche, für das ganze Reich geltende Gesetzesrecht, damit aber ein wesentlicher Einfluß auf den Zusammenhalt der Rechtsentwickelung. Bis ins 13. Jahrhundert floß die Reichsgesetzgebung nur spärlich, und die Landfrieden zeigen erst recht die Ohnmacht in der einheitlichen Leitung der Rechtsentwickelung. So wird also die ungehinderte Entwickelung des Stammesrechts, die im fränkische Reiche zu gunsten der Rechtseinheit beschränkt worden war, wieder frei; vor allem kommt das fränkische, vom König und seinen Beamten ausgehende Amtsrecht, da keine Zwangsgewalt mehr für seine Durchführung sorgte, außer Übung. Ebenso geschieht es aber auch mit den geschriebenen Volksrechten. Und da an deren Stelle weder ein anderes geschriebenes Volksrecht noch ein einheitliches Reichsrecht tritt, so übernimmt das ungeschriebene Gewohnheitsrecht wieder die Führung, dessen Quelle wie vordem die ihren Bestand bewahrende Genossenschaft des Stammes bleibt. „Gewohnheit bricht Recht in den Weg.“

Die Rechtsentwickelung setzt also da wieder ein, wo sie vor Entstehung des fränkischen Reiches mit Ausbildung der Stammesrechte vor ihrer Aufzeichnung stehen geblieben war. Aber doch mit einem wichtigen Unterschiede, den die dauernd gewordene Seßhaftigkeit der Stämme gebracht hatte: Als Rechtsgebiet erscheint nun nicht mehr die persönliche Genossenschaft als solche, sondern die Genossenschaft, sofern sie sich in einem bestimmten Gebiete niedergelassen hat. Während noch in der vorigen Periode Träger des Rechtes die Stammesangehörigen waren, gleichgültig, wo sie sich befanden, wurzelte etwa seit dem 10. Jahrhundert das Recht in dem vom Stamm bewohnten Boden fest, der nunmehr als Rechtsgebiet erscheint, und es bildete sich aus dem Stammesrecht ein sächsisches, schwäbisches, fränkisches, bayrisches rc. Landrecht aus. Das ist aber kein neugeartetes Recht, sondern eben nur das im Lande nun seßhaft gewordene alte Volks- und Stammesrecht. Die Fortbildung dieses Rechtes geschah ebenso wie in alter Zeit lediglich in der Volksübung und kam in den Volksgerichten zu Tage. Nur daß nun an Stelle der gesamten Volksgenossen die Schöffen als ständige Urteilsfinder sich aus den „Rachimburgen" entwickelt hatten und in den Landgerichten das Recht nicht als etwas Neues sprachen, sondern aus der allgemeinen Rechtsüberzeugung des Volkes „schöpften" und „fanden", nachdem sie es möglicherweise in zweifelhaften Fällen durch die Aussage rechtskundiger Männer über die rechte Gewohnheit sich hatten „weisen" lassen. Die Aufzeichnungen dieses Gewohnheitsrechtes heißen darum Weistümer, Offnungen, Bauernsprachen. „Was der Schöffe weiß, ist von Alter hergekommen." „Gute Gewohnheit", sagt das Sprichwort weiter, „ist so gut, wie gute geschriebene Rechte", denn „Aus Gewohnheit wird zuletzt Recht".

Diese unmittelbare Schöpfung des Rechtes aus dem Volke machte es zwar zu einem echt volkstümlichen und bewirkte, daß es sich eng den vorhandenen wirtschaftlichen und gesellschaftlichen Verhältnissen anpaßte; damit folgte es aber auch der Absonderung der Stämme voneinander und nahm teil an der Ausbildung ihrer besonderen Eigentümlichkeiten. Namentlich unterschied sich das sächsische und noch mehr das friesische Recht von den Landrechten der süddeutschen Stämme, dem schwäbischen, bayrischen, thüringischen Rechte, die der Einwirkung des fränkischen Rechtes länger und mehr ausgesetzt waren und deshalb eine größere Verwandtschaft unter sich zeigten, im Gegensatz zu dem sächsischen und friesischen Rechte, die ihre alte Selbstständigkeit gewahrt hatten. Im ganzen zeigt sich überhaupt, daß diese Stämme in allem länger den älteren Zustand behalten haben. Wir sahen dies schon bei der Entwickelung des Königtums, und diese Erscheinung wird uns späterhin noch öfter begegnen. Die Ursache hiervon mag wohl mit darin liegen, daß die Lage ihrer Wohnsitze sie weniger mit anderen Völkern in Verbindung brachte, sie daher Neuem schwer zugänglich waren und das Alte bei sich in größerer Abgeschlossenheit bewahren konnten. Denn während die süddeutschen Stämme auf drei Seiten von fremdem Volk umgeben sind, treffen die norddeutschen nur an zwei Seiten mit fremdem Volk zusammen, da die Seekante die Berührung im Norden mit anderen fernhält. Und da die östlichen Völker auf niederer Kulturstufe stehen als die deutschen, so ergibt sich, daß die süddeutschen Stämme im Süden und Westen durch die auf höherer Kulturstufe stehenden Romanen dem doppelt so großen Einflusse dieser Kultur ausgesetzt waren als die norddeutschen Stämme.

Seit dem 13. Jahrhundert begann in Deutschland wieder die Aufzeichnung der Stammesrechte. Diesmal aber nicht aus äußerer Veranlassung zufolge der Berührung mit fremder Kultur und um der christlich-römischen Kultur Einfluß zu verschaffen (diese war längst in das gesamte Volk aufgegangen, und die christliche Kirche herrschte unbeschränkt), sondern aus wissenschaftlicher Neigung für das Recht selber und um den Schöffen einen Spiegel des geltenden Rechtes vorzuhalten und ihnen die Auffindung des Rechtes zu erleichtern. Daher gehen sie auch meist von Schöffenkreisen selbst aus und erfolgt ihre Aufzeichnung auch nicht in lateinischer, sondern in deutscher Sprache. So verfaßte um das Jahr 1230 der sächsische Schöffe Eike von Repkow in seiner niedersächsischen Mundart den Sachsenspiegel, die Darstellung des Rechtes des sächsischen Stammes. Auf seiner Grundlage entstand etwa zwanzig Jahre später in Süddeutschland der Spiegel deutscher Leute, der das Recht des Sachsenspiegels den süddeutschen Rechten näher bringen wollte und daher nicht bloß Stammesrecht, sondern das Gemeinsame der Stammesrechte darstellte. Derselben Aufgabe unterzogen sich die weiteren Bearbeitungen, und durch Aufnahme von Bestimmungen aus der lex Alamannorum und Baiuvariorum schuf ein unbekannter Geistlicher daraus das kaiserliche Landrecht, auch Schwabenspiegel genannt. Daß diese Bearbeitung von einem Geistlichen und nicht von einem Schöffen ausging, ist immerhin bezeichnend, da die Kirche stets die Einheitsbestrebungen verfolgte. Demselben Zwecke diente das im 13. und 14. Jahrhundert entstandene kleine Kaiserrecht.

Aber da das Gewohnheitsrecht die Führung übernommen hatte, so mußte sich notwendig in den durch wirtschaftliche und politische Verhältnisse sich bildenden Genossenschaften innerhalb der einzelnen Stämme noch besonderes, vom allgemeinen Stammesrecht abweichendes Recht ausbilden. Denn jedes Gewohnheitsrecht hat die Neigung, sich in einzelne Gewohnheiten und Übungen von engeren Kreisen zu verlieren, namentlich bei einem solchen wirtschaftlichen Zustande, in dem sich das Leben zumeist noch in engeren Kreisen mehr oder weniger selbständig abspielte, Verkehr und Handel noch wenig entwickelt waren und die Menschen daher noch nicht so oft und eng in Berührung brachten mit Menschen, die außerhalb der engsten Heimat wohnten. Daher kann es nicht wundernehmen, daß bald jede Markgenossenschaft und jede Dorfgemeinde den von ihr gehandhabten Frieden unter ihren Genossen in besonderer Weise fortbildete und diese Besonderheit dann als ihren kostbarsten Schatz hütete. Denn „Gewohnheit wächst mit den Jahren", und „Alte Schuhe verwirft man leicht, alte Sitten schwerlich". Daher gilt weiter: „Sitte und Brauch hebt gemeines Recht auf", „Willkür bricht Landrecht". Gleichwohl waren diese einzelnen Sonderrechte immer nur verschiedene Schattierungen des gemeinsamen Landrechts, in dessen Kreise die Marken und Dörfer lagen.

Es bildeten sich aber bald tiefergehende Verschiedenheiten aus. Das Landrecht war ein bäuerliches Recht, erwachsen auf dem Boden der Naturalwirtschaft. Sobald Geldverkehr und Handel emporblühten, mußte es sich diesen veränderten Verhältnissen anpassen. Dies geschah selbstverständlich in den Kreisen zuerst, die als ihre genossenschaftliche Aufgabe die Pflege dieses Handels und Verkehrs ansahen, in den Städten. Hier bildete sich durch Gewohnheit und Rechtsprechung das Landrecht allmählich zu einem der städtischen Wirtschaft entsprechenden Stadtrecht um, auch Weichbildrecht (wic, vicus = Dorf) genannt. So trat neben das bäuerliche Landrecht, das unverändert für die ländlichen Verhältnisse fortgalt, das Stadtrecht und engte dessen Geltungsgebiet ein. Der Sache nach finden wir denselben Unterschied noch jetzt zwischen dem bürgerlichen Recht und dem Handelsrecht, nur daß damals wie der Handel so auch das Recht in die Städte eingeschlossen war, das Stadtrecht als Recht der Genossenschaft der Städter daher allmählich auch die übrigen Lebensverhältnisse regelte, sobald nur diese Genossenschaft auch politische Selbständigkeit und insbesondere selbständige Gerichtsbarkeit, namentlich im Anschluß an die Immunitäten, auf die wir noch zu sprechen kommen, erhalten hatte. Nicht überall entwickelten sich jedoch solche Stadtrechte selbständig, nicht überall galt: „Jedes Weichbild hat sein sonderlich Gesetz"; sondern vielfach wurde das Recht der einen Stadt unmittelbar auf die andere übertragen. Es fand eine Aufnahme fremder Stadtrechte statt: vor allem des magdeburgischen, lübeckischen, aber auch des eisenacher, frankfurtischen Rechtes. Die Gerichte der Mutterstädte blieben dann gewöhnlich die Oberhöfe für die Gerichte der Tochterstädte. Auf diese Weise wurde wenigstens der Verschiedenheit des Rechtes etwas gesteuert. Wie das Landrecht, so erfuhr auch das Stadtrecht bald schriftliche Aufzeichnung, ebenfalls zuerst in Sachsen; es wurde das Bedürfnis hierzu dadurch hervorgerufen, daß andere Städte das Recht einer Stadt entlehnten. Das sächsische Weichbildrecht ist eine Aufzeichnung auf Grund magdeburgischer Weistümer und des Privilegs des Erzbischofs Wichmann aus dem Jahre 1188. Ebenso wurden das wiener, brünner, straßburger, freiburger, lübecker Stadtrecht und viele andere bearbeitet.

Aber auch innerhalb der Städte spaltete sich das Recht weiter in kleinere Kreise. Zunächst erhielt sich, falls die Stadt nicht gerade aus einer einzigen Bauernschaft oder Dorfgemeinde hervorging, sondern etwa aus einem Marktflecken erwuchs, an dem sich die Angehörigen verschiedener Bauernschaften angesiedelt hatten, vielfach die Zugehörigkeit der Bewohner zu ihren alten bauernschaftlichen Genossenschaften mit dem diesen Genossenschaften selbständigen Recht und selbständigen Gericht, so daß sie gleichsam einzelne Stadtbezirke bildeten. Weiter bildeten stets besondere Gemeinden in der Stadt, örtlich abgegrenzt und besonderem Recht unterstehend, die Judengenossenschaften. Endlich teilte sich die Bürgerschaft wieder in verschiedene Gilden und Zünfte. Sowohl die Gilden der Geschlechter, der ältesten Stadtbürger, deren Entwickelung unmittelbar auf die Sippe zurückführt, als auch die Gilden der Kaufleute waren Genossenschaften, die nicht nur religiösen, wirtschaftlichen und politischen Zwecken dienten, sondern zugleich Rechtsgenossenschaften waren mit eigener genossenschaftlicher Gerichtsbarkeit und Strafgewalt. Dasselbe gilt von den Zünften, den Genossenschaften der Künstler, der Handwerker, der Krämer, Händler, Fischer und ähnlicher Gewerbtreibenden: auch sie waren Friedens- und Rechtseinheiten. Ihr Recht bildete sich durch Gewohnheit und eigene Gesetzgebung fort und wurde durch die Zunftgerichte gehandhabt.

Auf der anderen Seite wurden die Städte durch die Bündnisse, die sie miteinander abschlossen, und durch die sie sich zu Städtegenossenschaften vereinigten, zu einem mehrere Städte umfassenden Rechtsgebiet und zu einer neuen Quelle besonderen Rechtes. Im Norden und Westen entstand der Städtebund der Hansa: hervorgegangen aus der Vereinigung von Kaufmannsgilden im Ausland und den Bündnissen einzelner Handelsstädte, bewußt zur Einheit geführt vornehmlich durch Lübeck. Sie regelte durch ihre Gesetzgebung und Satzungen den gesamten Handelsverkehr und erzeugte hierdurch sowohl das älteste gemeine Seerecht als das älteste gemeine Handelsrecht. Die oberdeutschen Freistädte dagegen vereinigten sich zu dem großen rheinischen Städtebunde. Während die Hansa mehr kaufmännischen Zwecken diente, verfolgte dieser mehr politische und strebte dahin, den Zerfall des Reiches zu verhüten. Sein Ziel war geradezu eine gemeinsame öffentliche Rechtsordnung. Er hatte weitgehende gesetzgeberische Gewalt über seine Bundesglieder und ebensolche bedeutende richterliche Gewalt. Leider war er nicht von langem Bestand.

Waren die bisher als Rechtsquellen erwähnten Genossenschaften freie Genossenschaften, so bildeten sich anderseits aber auch gleichzeitig Genossenschaften aus, die unter einer Herrschaftsgewalt standen, Genossenschaften, deren einigendes Band nicht der freie, gemeinsame Wille der einzelnen Genossenschaftsglieder, sondern die Macht eines sie zusammenhaltenden Herrn war. Hierher gehören zunächst die Genossenschaften, die zur Quelle des Lehnrechts und des

Dienst- und Hofrechts wurden. Der Ursprung dieser sonderrechtlichen Bildungen, die in dieser Periode zur reichsten Entfaltung kamen und dem gesamten Volksleben der Zeit ihr eigentümliches Gepräge gaben, reicht weit zurück in die vorige, fränkische Periode und wurzelt in seinem Grundgedanken zum Teil sogar schon in der ersten Periode der reingermanischen Zeit. Es war aber nicht die nackte Herrschaft über eine Genossenschaft, sondern ein gegenseitiges Verhältnis zwischen den Genossen und dem Herrn, das gleichsam selbst wieder eine Genossenschaft bildete: Gewährung von Schutz, Hulde und Gunst auf seiten des Herrn, von Dienst, Gehorsam und Treue auf seiten der Genossen. Diese Vorstellung durchzog das ganze Leben dieser Periode; sie äußerte sich im Liebesleben, im Minnedienst des Ritters für seine Herrin, „Frau", in der Religion und vor allem im Recht. Hier bilden die Anknüpfungspunkte die privatrechtlichen Einrichtungen der Hausgewalt, Munt, und der Leihe. Beide entwickeln sich durch das genossenschaftliche Verhältnis zum Dienst- und Hofrecht, indem es die geringeren, zum Lehnrecht, indem es die höheren gesellschaftlichen Kreise erfaßt. Betrachten wir zuerst das Hofrecht.

Die unfreien, auf dem Gute des Herrn sitzenden Leute waren vollständig der Gewalt des Herrn unterworfen und diesem gegenüber ursprünglich überhaupt rechtlos. Der Sklave war auch dem alten Germanen Sache. Der Herr war aber nicht immer im stande, selbst und mit eigenen Leuten seine Güter zu bewirtschaften, namentlich nicht, wenn diese abgesondert lagen. Überdies fehlte es damals noch an genügender Anzahl unfreier Leute. Der Herr war daher genötigt, Güter an Freie gegen Zins auszuleihen: ein Verhältnis, das zunächst lediglich nach Landrecht zu beurteilen war. Politische und wirtschaftliche Verhältnisse wirkten aber dazu, daß solche kleine Leute, die ein Zinsgut zur Leihe hatten, bald es für vorteilhafter erachteten, sich ihrer Freiheit zu begeben und sich unter die Munt des Hofherrn zu stellen. Eine Hauptursache hierfür war namentlich der zur Zeit des fränkischen Reiches immer schwerer drückende Kriegsdienst, zu dem ursprünglich nur freie Grundbesitzer herangezogen worden waren, der aber schon in merowingischer Zeit auf freie Hintersassen ausgedehnt wurde, und zu dem unter Karl dem Großen sogar grundstückslose Personen, wenn sie nur ein gewisses Vermögen besaßen, herangezogen wurden. Da der Kriegsdienst aber unentgeltlich war und die Wehrpflichtigen sich selber ausrüsten und verpflegen mußten, so ist es begreiflich, daß er schwer auf dem minderbegüterten Freien lastete und dieser danach strebte, sich als Höriger unter die Munt eines reichen Herrn zu stellen, dem dann auch die Pflicht für seinen Unterhalt oblag. So kam es, daß die freien Hintersassen sich unter die Munt des Herrn, von dem sie ein Gut geliehen hatten, begaben. Freilich konnte diesen gegenüber die Hausherrschaft nicht in derselben Weise geltend gemacht werden, wie den Unfreien gegenüber; sie hatten sich auch wohl Vorbehalte bei Eintritt in die Munt gemacht. Daher war namentlich bei Vergehungen nicht der Machtspruch des Herrn, sondern ein dem Volksgericht entsprechendes Verfahren ihnen gegenüber erforderlich. Und nun machte sich der genossenschaftliche Zug des Deutschen geltend. Diese in der Munt des Gutsherrn befindlichen Besitzer eines geliehenen Gutes schlossen sich zu Genossenschaften zusammen, die eine gewisse Selbständigkeit dem Herrn gegenüber erlangten. Gerichtsherr blieb zwar der Herr, Gerichtsgemeinde aber wurden die sämtlichen Genossen, und aus ihrer Mitte mußten die Schöffen genommen werden. Dadurch wurde das Recht, das in den Beziehungen der Hofgenossen untereinander und zu dem Herrn in Anwendung kam, der bloßen Willkür des Herrn entzogen und zu einem genossenschaftlichen Rechte, das sich fortbildete durch genossenschaftliches Herkommen, freilich unter Zustimmung, aber doch nicht durch einseitige Vorschrift des Herrn. So wurde die Hofgenossenschaft zur Quelle des Hofrechts oder Bauernrechts, auf dem Landrecht als seiner

Grundlage ruhend, aber gemäß den besonderen Verhältnissen fortgebildet. Auch das Hofrecht hat zahlreiche Aufzeichnungen in Weistümern, Öffnungen, Bauernsprachen gefunden.

Auf gleicher wirtschaftlicher Grundlage, nur mit der Zeit in einen höheren gesellschaftlichen Kreis gerückt, entwickelte sich das Dienstrecht, das Recht der zunächst unfreien, dann zufolge ihrer ritterlichen Beschäftigung in den niederen Adel übergehenden Dienstmannen, und vor allem das Lehnrecht, nachdem dieses mit öffentlich rechtlichen Befugnissen verquickt wurde. Während bei den rein bäuerlichen Verhältnissen die Herrschaft des Herrn zum Übergewicht kam, weil ihm meist kleine Leute gegenüberstanden, bewirkte bei diesen die militärische Dienstpflicht, daß sie in Ehre und Ansehen kamen und so den Gesichtspunkt der Herrschaft zurückdrängten, jedenfalls die persönliche Stellung nicht schmälerten. „Lehenschaft zieht keine Unterthänigkeit nach sich", vielmehr: „Lehen höht des Mannes Adel". Das Lehnrecht wurzelt in zwei begrifflich verschiedenen Verhältnissen: dem Benefizialwesen und der Vasallität. Da auch bei der Vasallität wenigstens die Neigung zu genossenschaftlichen Bildungen zu Tage tritt und schließlich das ganze Lehnswesen ergriffen hat, so mag ein kurzer Rückblick auf die Entstehungsgeschichte geworfen werden.

Bei der Eroberung Galliens hatten die Merowinger weiten Grundbesitz als ihr Privateigentum zur Stärkung ihrer Hausmacht erworben und an Kirchen und Laien, die sie sich verpflichten wollten, weiter verschenkt. Der Schenkung liegt aber nach der Auffassung der Germanen die persönliche Bestimmung für den Beschenkten zu Grunde und die Voraussetzung, daß der Beschenkte dem Schenker treues Verhalten bezeige. Deshalb fällt das Geschenk sowohl nach dem Tode des Beschenkten als auch bei Treubruch gegen den Schenker an diesen zurück. Es ist nicht zu verkennen, daß dadurch eine gewisse Ähnlichkeit mit der Leihe gegeben war, und unter Karl Martell wurden solche Vergabungen von Grundstücken dann unmittelbar als Verleihungen aufgefaßt. Ihn zwang nämlich die politische Lage, derartige Verleihungen im Großen vorzunehmen. Den Anstoß gab die Umgestaltung des Kriegswesens, dessen Einfluß wir bereits bei der Entstehung der hofrechtlichen Genossenschaften kennen gelernt haben. Während noch in der merowingischen Zeit ebenso wie bei den alten Germanen die Masse des Heeres zu Fuß kämpfte, trat im 8. Jahrhundert die Reiterei mehr und mehr hervor. Sie war notwendig geworden, um die Einfälle der Araber mit ihrer vorzüglichen Reiterei abwehren zu können. Da aber die Ausrüstung als Reiter nicht jedem Krieger auf eigene Kosten auferlegt werden konnte, sah sich Karl Martell genötigt, durch Vergabung von Landgütern die Großen des Reiches in den Stand zu setzen, nicht nur selbst als Reiter zu dienen, sondern auch ihre Mannen als Reiter ins Feld zu führen. Hierzu reichten aber freilich die Krongüter nicht aus; er griff deshalb zurück auf die der Kirche erst von der Krone geschenkten Güter und zwang jene, sie an Laien auszuleihen. Erklärlicherweise fand diese Einziehung von Kirchengut zu militärischen Zwecken vornehmlich in Neustrien statt und zwar an der südwestlichen Grenze des Reiches, da deren Schutz zunächst in Frage stand. Diese Verleihungen von Kirchengut wurden schließlich vorbildlich auch für die Vergabungen von Krongut, das ebenfalls nicht mehr verschenkt, sondern gegen Zins ausgeliehen wurde. Schon in der karolingischen Zeit wurde solche Leihe zum Zwecke der Leistung von Reiterdiensten als beneficium von dem ursprünglich gleichbedeutenden precarium, der gewöhnlichen Leihe, hervorgehoben.

Die andere Wurzel des Lehnswesens, die Vasallität, zweigt sich wieder in zwei Enden ab: die freie Gefolgsschaft und den unfreien Dienst. Schon bei den alten Germanen pflegten sich freie, wehrhafte Jünglinge als Gefolgsleute in den Dienst des Königs oder hervorragender Männer zu begeben, um das Kriegshandwerk zu lernen und zu treiben. Sie traten als Hausgenossen unter die Hausherrschaft ihres Gefolgsherrn, bildeten seine Umgebung in Krieg und

Frieden und schwuren ihm Treue. In Verbindung hiermit trat in fränkischer Zeit eine andere Einrichtung, möglicherweise in Anlehnung an römische Sitte und veranlaßt durch die große Anzahl von Knechten, die zufolge der vielen Kriege den Siegern zur Beute wurden. Hierzu kam, daß sich die Lage der Knechte ihren Herren gegenüber allmählich verbesserte und besonders derjenigen, die zur unmittelbaren Bedienung des Herrn auserlesen wurden oder doch im Haushalte Verwendung fanden. In merowingischer Zeit werden diese mit dem keltischen Wort gwâs = Diener (denn Kelten waren die Mehrzahl der Kriegsgefangenen), daher vassi, vasalli, oder lateinisch als ministeriales bezeichnet, und man unterschied in vornehmen Haushaltungen namentlich vier Hausämter: den Schenken für den Keller, den Kämmerer für den Schatz, den Marschalk (Roßknecht) für den Stall und den Truchseß (truhsazzo, der die Leute setzt) für die Tafel. Die Oberaufsicht aber führte der Altknecht, Seneschalk, maior domus. Das waren die Vorbilder der künftigen Reichs- und Staatsämter. Als aber mit der Zeit die fränkischen Großen ihre Knechte bewaffneten und sogar beritten machten und sich mit der bewaffneten Schar umgaben, erlangten diese auch militärische Bedeutung, und die Annäherung an die freien Gefolgschaften der germanischen Zeit war gegeben.

Daß alle diese Diener am Hofe des Königs erhöhte Bedeutung erlangten, kann nicht wundernehmen, ebensowenig, daß unter diesen wieder das bewaffnete Gefolge, die königliche Garde, besonders hervorragte. Finden wir doch dieselbe Erscheinung auch bei der Garde der römischen Imperatoren. Nach dem Schutz, den sie dem Könige gewähren, werden sie Antrustionen (von trôstjo = Gehilfe) genannt. Mit der Zeit traten unter diese königliche Garde aber auch Freie, und damit war die Verbindung mit dem germanischen Gefolgswesen vollends hergestellt. Seit dem 8. Jahrhundert werden diese bewaffneten Gefolgsleute dann schlechthin vasalli genannt.

Auch diese vasalli schließen sich nun in Genossenschaften zusammen, innerhalb deren ein besonderer Friede und bald ein besonderes genossenschaftliches Recht herrscht, das Dienstrecht. Die Entstehung und Entwickelung ist die gleiche wie beim Hofrecht: allmählich fällt seine Fortbildung mehr der Gewohnheit und den Weisungen der Dienstmannen selbst zu, und ebenso ist die Besetzung des Gerichtes nicht mehr ausschließlich Befugnis des Herrn, sondern steht auch den Dienstmannen zu. Das Dienstrecht ist gleichfalls vielfach in Weisungen und Küren aufgezeichnet worden, z. B. für Worms vom Bischof Burkhard im Jahr 1024, für Köln im 12. Jahrhundert. Wie das Hofrecht hatte es ebenfalls als Grundlage das Landrecht, wurde aber wie jenes in eigentümlicher Weise fortgebildet, und so entstanden wie verschiedene Hofrechte, so durch die verschiedenen Herrschaftsverbände auch verschiedene Dienstrechte. Namentlich bildete sich eine Verschiedenheit aus nach der Stellung des Herrn: das Recht der Reichsministerialen, der Dienstmannen geistlicher Herren, der Dienstmannen fürstlicher, gräflicher, freiherrlicher Mannen ist im einzelnen verschieden gewesen. Ja auch innerhalb der Dienstmannen eines und desselben Herrn bildeten sich wieder einzelne Genossenschaften mit besonderem Recht, ebenso wie in den Städten sich Gilden und Zünfte zusammenschlossen. Hierher gehört z. B. die Münzergenossenschaft, das ist die Genossenschaft derjenigen Ministerialen, denen die Ausübung des Münzamtes zuerteilt war. Denn das Münzregal, das in karolingischer Zeit noch allein dem Könige zustand, wurde nach und nach auch anderen geistlichen und weltlichen Herren verliehen. Diese Genossenschaft vornehmlich hat sich bald in eine lehnrechtliche verwandelt oder sogar in eine freie Genossenschaft gleich einer Gilde.

Die Verbindung dieser Vasallität, der militärischen Gefolgsschaft, mit dem oben geschilderten Benefizialwesen erzeugte das mittelalterliche Lehnrecht. Es lag ja ungemein nahe, die Benefizien eben den Vasallen zu verleihen. Und dann geschah hier, was überall geschah: die mit Benefizien begabten Vasallen schlossen sich genossenschaftlich zusammen, und durch Gewohnheit und Rechtsprechung wurde für die besonderen Verhältnisse dieser Vasallen, namentlich für die Erbfolge in die beliehenen Grundstücke, das Lehnrecht geschaffen, das mit der Zeit das Dienstrecht in sich aufnahm. Das Lehnswesen breitete sich allmählich von den Franken nach Westen hin aus und stand in dieser Periode bei den Deutschen in höchster Blüte. Es wurde üblich, Aftervasallen anzunehmen, und dadurch wurden außer dem König auch andere Große, Geistliche und Adlige wieder ihrerseits Lehnsherren. Schließlich wurden nicht bloß Grundstücke, sondern auch Ämter zu Lehen gegeben, und vor allem die Reichsämter, die Grafschaften, Herzogtümer und Fürstenämter waren Lehen, nicht minder die Reichshofämter. „Alles weltliche Gericht muß man vom König empfangen.“ Bis zum Wormser Vertrag vom Jahre 1122 wurden sogar die geistlichen Ämter als Lehen vergeben. So durchzog das Lehnswesen das ganze staatliche Leben. Sämtliche im Lehnsverbande befindlichen Personen vom König abwärts wurden in sieben „Heerschilde“ eingeteilt. Auch die Lehnsmitglieder schlossen nach den Heerschilden sich untereinander wieder in engere Genossenschaften zusammen, und es entwickelte sich namentlich der Stand des hohen Adels als derjenigen Lehnsträger, die unmittelbar vom König und Reich ein Amt oder Land zu Lehen empfangen hatten: die Reichsunmittelbaren (Zepter- oder Fahnenlehen). Sie hatten recht eigentlich mit dem Könige das Reichsregiment, sie waren die Fürsten, d. h. die „vorderst emphaher“ des Lehns, wie der Sachsenspiegel diesen Namen erklärt. Ebenso bildete sich die Reichsritterschaft und die landsässige Ritterschaft und mit ihr besonderes Recht. „Rittersrecht ist anders denn Bauernrecht.“ Seit dem 13. Jahrhundert entstand bei dem hohen Adel, der sich immer enger genossenschaftlich zusammenschloß, allmählich ein eigenes Recht, das deutsche Fürstenrecht, das namentlich die Vermögens-, Familien- und erbrechtlichen Verhältnisse regelte und der Selbstgesetzgebung der einzelnen Familien den Boden bereitete. Es bewahrte darin verschiedene Bestimmungen des fränkisch-salischen Rechtes, nach dem die fränkischen Könige gelebt hatten, z. B. den Ausschluß der Frauen vom Erbe. Auch hierin tritt die Erinnerung an den Ursprung des hohen Adels aus dem Beamtentum fränkischer Könige zu Tage.

Auch das Lehnrecht ist aufgezeichnet worden. Das sächsische hat gleich dem Landrecht Eike von Repkow bearbeitet. Ebenso hat das lombardische Lehnrecht wiederholte Bearbeitungen erfahren, bis es schließlich in den sogenannten libri feudorum zusammengefaßt wurde, die nachmals an der Universität Bologna als Unterlage des Studiums dienten.

Eine weitere Quelle für Sonderrechte wurden die Immunitäten. Sie gehen auf die römische Zeit zurück und haben da ihre Bedeutung in der Freiheit eines Gebietes von Abgaben und Steuern (emunitas). Diese Freiheit genossen bei den Franken die Königsgüter, denen besondere Beamte vorstanden. Diesen wurde bald die Gerichtsbarkeit über die auf dem Immunitätsgebiet sitzenden Leute übertragen, soweit finanzielle Gesichtspunkte in Frage kamen, was im alten Rechte vermöge der Buß- und Friedensgelder meist der Fall war. Wurde nun solches Königsgut an Kirchen oder Laien zu Lehen gegeben, so blieb die Immunitätseigenschaft am Gute haften, wodurch auch diese in den Besitz der Immunitätsgerichtsbarkeit gelangten, die sich mit der Zeit sogar auf Hals- und Blutgerichtsbarkeit ausdehnte. Waren Kirchen die Inhaber solcher immunen Güter, so wurde leicht damit der Begriff des erhöhten Kirchenfriedens verbunden, womit diese Bezirke bald eine gewisse territoriale Abgeschlossenheit und besondere Rechtsentwickelung erlangten, die für die künftige Landeshoheit eine wesentliche Grundlage wurden.

Die Ausbildung der landesherrlichen Gewalt aber erzeugte eine neue Quelle des Rechtes. Die landesherrliche Gewalt hat keinen einheitlichen Ursprung. Sie ist vielmehr die Zusammenfassung verschiedener Herrschaftsrechte, teils, wie schon erwähnt, einzelner Immunitätsrechte, teils von Grund- und Dienstrechten, Besitzrechten an überlassenen Regalien, nicht zum wenigsten aber von Lehnrechten an Reichsämtern. Das schwache Königtum, das seine Kraft in auswärtigen Unternehmungen und Römerzügen vergeudete, beförderte dadurch das Selbständigwerden des Reichsbeamtentums, und Kaiser Friedrich II. erkannte diese Selbständigkeit ausdrücklich an. Da die Fürsten aber die Befugnis erlangten, für ihre Länder besondere Landfrieden zu erlassen, Privilegien zu erteilen und mit Zustimmung ihrer Großen Gesetze zu geben, so entstanden hierdurch ebensoviel Partikularlandrechte, die das Stammesrecht durchbrachen, als Landeshoheiten. Erwähnt seien nur die Kulmsche Handfeste des Großmeisters Hermann von Salza vom Jahre 1232 für das deutsche Ordensland, das Drenter Landrecht vom Jahre 1412, das oberbayrische Landrecht Kaiser Ludwigs vom Jahre 1346, die österreichische, salzburgische Landesordnung, das steirische Landrecht und viele andere. Hierher gehören auch die friesischen Kuren, Gesetze der verbündeten friesischen Gaue.

In dieser dritten Periode deutscher Rechtsentwickelung, dem Mittelalter, kommt, wie die vorstehenden Ausführungen gezeigt haben, die Neigung des Deutschen, sich in enge Genossenschaften zusammenzuschließen und in diesen die Befriedigung seiner Lebensbedürfnisse zu suchen, die Ursache auch seines staatlichen Partikularismus, zur vollsten Geltung. Die hiermit verbundene Mannigfaltigkeit des Rechtes hat aber ihre guten und ihre schlimmen Seiten. Die gute Seite würdigt Heusler zutreffend mit folgenden Worten: „Wie wir in der Natur um so größere Vollkommenheit finden, je mehr besondere Organe für die verschiedenen Zwecke bestehen, nicht aber je größere Einfachheit des Organismus herrscht, so ist auch das Rechtsleben Deutschlands durch diese Mehrheit der Rechtskreise und Rechtsorgane ein intensiveres, reicheres, die verschiedensten Zwecke besser erfüllendes, den mannigfaltigsten Bedürfnissen mehr Genüge leistendes, der Entfaltung der Volkskraft nach allen Seiten größeren Spielraum gewährendes geworden, als wenn das Volksrecht allein herrschend geblieben wäre, das unter den damaligen wirtschaftlichen und Kultureinflüssen notwendig zu einseitiger Ausbeutung des Eigentumsbegriffs hätte führen müssen." Vor allem aber hat das Lehn- und Hofrecht einen wirtschaftlich hochbedeutsamen Zweck erfüllt: es hat verhütet, daß aus den Grundherrschaften wie bei den Römern große Latifundien wurden, und bewirkt, daß ein kräftiger Bauernstand erhalten blieb. „Der Grundherr", sagt Heusler, „büßte privatrechtlich ein, was er an oberherrlicher Macht gewann."

Es dürfen jedoch auch die schlimmen Seiten nicht übersehen werden. Es ist nicht zu verkennen, daß mit dem Lehnswesen und dem Hof- und Dienstmannenwesen fast das gesamte Volk aus freien Leuten in Abhängige und Dienende verwandelt und dadurch die trotzige Urwüchsigkeit und der alte Freiheitsdrang des Germanen erheblich geschwächt wurden. Das Gefühl des Dienens und Abhängigseins beeinflußte fernerhin vielleicht etwas zu stark die Charakterbildung des deutschen Volkes, so daß geraume Zeit vergehen mußte, bis dieses seinem ursprünglichen Wesen völlig fremde Element wieder ausgeschieden wurde. Zunächst wurde dem Absolutismus der Fürsten hierdurch jedenfalls der Boden bereitet. Ferner artete der Absonderungstrieb aus, verhinderte dadurch das Zusammenwachsen zu einer großen Nation und die Erzeugung eines einheitlichen nationalen Rechtes, dessen doch die fortschreitenden wirtschaftlichen und Verkehrsverhältnisse dringend bedurften. Die Folge der Ausartung dieses Sonderungstriebes war aber der Verfall des nationalen Rechtes.

Die vierte Periode ist daher die des Versiegens der Rechtsquellen. Es fehlte der große nationale Zug, die Rechtsbildung verlor sich ins Kleinliche, da sie nur im Kleinen vor sich ging, mit der übergroßen Absonderung geriet sie ins Absonderliche. Die Verschiedenheit des Rechtes aber in den ungezählten verschiedenen Rechtskreisen brachte notwendig ein Gefühl der Rechtsunsicherheit überhaupt mit sich: sobald man aus seinem engsten Rechtskreise heraustrat, stand man fremdem, unverstandenem Rechte gegenüber. Und endlich wurde nicht einmal das in den einzelnen Rechtskreisen herrschende Recht zur Geltung gebracht infolge der politischen Ohnmacht und Zerfahrenheit. Denn das Reich selber ging seiner Auflösung entgegen. Im Inneren war das deutsche Königtum völlig machtlos geworden. Fehden zwischen den Städten und zwischen den Fürsten, die ihre landesherrliche Macht erweitern wollten, verwüsteten das Land; auch die Kirche war in Verfall geraten. Wiclif und Huß vermochten nicht, auf die Dauer Besserung zu schaffen, und Religionskriege waren die Folge. So war überall Anarchie. Die rechtserzeugenden Genossenschaften waren in der Auflösung begriffen, jede Rechtspflege lahm gelegt.

Hierzu kam, daß der germanische Straf- und Zivilprozeß überhaupt den veränderten Verhältnissen nicht mehr genügte. Das deutsche Gericht hatte zwei Bestandteile mit völlig verschiedenen Aufgaben: den Richter, der den Gerichtszwang hatte, und dessen Aufgabe es war, die zur Entscheidung berufenen Personen zusammenzubringen, sie um ihr Urteil zu fragen und das Urteil alsdann zu vollziehen; und die Urteiler, die auf die gestellten Fragen des Richters von ihrer und der im Volke lebenden Rechtsüberzeugung Kunde gaben. Daß diese Urteiler ursprünglich die ganze Volksversammlung waren, dann ausgewählte „Rachimburgen" und schließlich lebenslang und erblich bestellte Schöffen, haben wir schon gesehen. Über die That- und Beweisfrage hatten diese aber nicht zu entscheiden. Ein Indizienbeweis fand überhaupt nicht statt. Wurde der Verbrecher nicht auf handhafter That ergriffen, so waren die einzigen Beweismittel, von denen noch die Rede sein wird, Eid, Gottesurteil und namentlich Zweikampf: Beweismittel, die in ihrem Erfolge von selbst den Beweis erbrachten, so daß es einer Beweiswürdigung nicht bedurfte. Es ist klar, daß ein solches Verfahren nur bei einfachsten Zuständen genügte. Ein derartiges Gericht war seiner Einrichtung nach zunächst nicht geeignet, von amtswegen gegen Missethäter vorzugehen. Es konnte nur in Bewegung gesetzt werden durch Anrufung der Parteien, die durch eigene Thätigkeit den Beweis zu erbringen hatten. Es entsprach also einer Zeit, in der die Gesamtheit noch nicht in erster Linie durch ein Verbrechen sich verletzt fühlte und es dem unmittelbar Verletzten zunächst überließ, entweder durch Fehde oder durch Klage sich Recht zu verschaffen. Schon hierdurch war es zum energischen, raschen Einschreiten ungeeignet und zur Eindämmung um sich greifender Sittenverwilderung kein passendes Mittel. Ferner waren die Beweismittel, und namentlich das hervorragendste, der Eid, dessen sich der Angeklagte zu seiner Befreiung bedienen durfte, hinreichend bei einem Volke, das noch in einfachen Sitten lebte, bei einem Volke, das kampflustig und trotzig, aber offen und ehrlich war, dem Heimlichkeit und Lüge die hassenswertesten Eigenschaften waren, und bei dem daher ein Meineid als das unerhörteste Verbrechen galt. Aber bald versagten diese Beweismittel, und damit wurde die Unsicherheit der Rechtspflege nur noch erhöht. Aus eigener Kraft aber die Umgestaltung vorzunehmen, war das deutsche Recht nicht im stande, da ihm das Organ fehlte, das eine gemeinsame Hilfe bringen konnte, da es auf die zersplitterte partikularistische Gerichtsübung angewiesen war. Nur das Magdeburger Weichbildrecht und dessen Tochterrechte begannen allmählich aus sich selbst heraus eine Fortbildung für den Zivilprozeß zu versuchen, indem sie dem Beweise durch Zeugen und Urkunden an Stelle des Eides Vorschub leisteten.

Zwei Erscheinungen jener Zeit namentlich sind es, die sich nur aus diesen Zuständen erklären: das Auftreten der Vehmgerichte und die Ausbildung des Faust- und Fehderechts. Beide aber bedürfen hier der Erwähnung, da die Ergreifung dieser beiden Heilmittel gegen die Versagung des Rechtes so vollständig dem deutschen Wesen entspricht, daß eben nur diese mit Naturnotwendigkeit zur Ausbildung gelangen konnten. Auch die Entstehung der Vehmgerichte wurde gefördert durch die Neigung, sich genossenschaftlich zusammenzuschließen (ihr entsprach der über ganz Deutschland verbreitete Bund der Freischöffen), und durch das dem Deutschen innewohnende tiefe Gerechtigkeitsgefühl, das durch Ungerechtigkeiten, auch wenn sie ihn nicht unmittelbar berühren, lebhaft verletzt wird. Dies tritt auch heute noch zu Tage, oft mit Außerachtlassung der politischen Klugheit und des berechtigten Eigennutzes. In jener Zeit der Versagung jedes Rechtsschutzes aber führte es die westfälischen Gerichte dazu, alle Ungerechtigkeiten, auch solche, für deren Bestrafung sie an sich örtlich keineswegs zuständig waren, in Erweiterung ihrer Zuständigkeit auf das ganze Reich, zu ahnden. Hierbei konnten sie leicht an ihre Eigenschaft als kaiserliche Gerichte anknüpfen. Denn wie sie ihren alten Namen und ihre alte Verfassung als Grafengerichte der fränkischen Zeit bewahrt hatten (vehme = Ding, Gericht), so leiteten sie auch noch ihre Gerichtsgewalt unmittelbar vom Kaiser ab, da die Westfalen sowohl von der Ausbildung der Landeshoheit als den vielen Sondergerichten verschont worden waren. Ihre Gerichte waren noch die alten Landgerichte, in denen das Stammesrecht wie zur karolingischen Zeit gefunden wurde.

Um ihre Urteile aber vollstrecken zu können, bedurften sie im ganzen Reiche der Schöffen, denen die Pflicht der Vollstreckung oblag, und je mehr ihr Ansehen wuchs, desto mehr drängte man sich aus dem ganzen Reiche dazu, Schöffe der westfälischen Freigrafengerichte zu werden. Sogar deutsche Kaiser waren Freischöffen. Lediglich um die Vollstreckung der Urteile zu sichern, war, wenn der Angeschuldigte vor Gericht nicht erschien, Urteilsspruch und Vollstreckung dann heimlich. Keineswegs waren die Gerichtssitzungen regelmäßig heimlich. Allen Schöffen wurde die Pflicht auferlegt, das Urteil zu vollstrecken. Es lautete stets auf Tod. Zur Vollstreckung mußten aber drei Schöffen zusammenwirken. Diese bestand darin, daß nach Art der alten sächsischen Landfriedensbrecher der Verurteilte mit einer Weidenrute an dem nächsten Baum aufgeknüpft wurde. Zum Zeichen, daß hiermit das Urteil des Vehmgerichts vollstreckt worden war, wurde neben ihn ein Messer in den Baum gesteckt. Eine weitere furchtbare Waffe der Vehmgerichte war die Befugnis und Pflicht der Freischöffen, wenn drei von ihnen jemanden auf handhafter That ergriffen, sofort, auch außerhalb westfälischer Erde, über ihn Gericht zu halten und das Urteil zu vollstrecken.

Vor allem im 14. und 15. Jahrhundert war die Vehme auf ihrer höchsten Macht. Sie nannte sich „des heiligen Reichs Obergericht übers Blut", und die Ladung des westfälischen Freigrafen, des Vorsitzenden des westfälischen Gaugerichts, wurde mehr gefürchtet als die Macht des Kaisers. Ja sogar Kaiser Friedrich III., seinen Kanzler und das ganze Kammergericht lud der Freigraf einmal vor sein Gericht. Daß die Macht der Vehme durch die Heimlichkeit der Vollstreckung erhöht wurde, ist begreiflich. Freilich lag hierin auch die Veranlassung, daß sie bald in Mißbrauch ausartete und daß sie hierdurch aus einem Schutz der Schwachen gegen mächtige Bedrücker selber zu einem Schrecken wurde, bis schließlich die zu größerer Macht gelangenden landesherrlichen Gerichte verbunden mit dem verbesserten Strafverfahren der „Carolina" ihre Macht brachen.

Wie das Versagen der Rechtspflege der ordentlichen Gerichte die Macht der Vehmgerichte steigerte und diese zu der ihnen eigentümlichen Heimlichkeit und Ausdehnung ihrer örtlichen

Zuständigkeit zwang, so nötigte es anderseits den Rechtsuchenden, Selbsthilfe anzuwenden. Vermag die Gemeinschaft nicht mehr den Rechtsschutz zu gewähren und den Rechtsfrieden zu wahren, so muß eben jeder sein Recht mit eigener Faust wieder suchen und verteidigen. Die Selbsthilfe wird zur Rechtseinrichtung der Fehde. Daß aber von diesem Rechte der Selbsthilfe in reichem Maße von dem Deutschen sofort Gebrauch gemacht wurde, entsprach ganz seiner kampflustigen, kriegerischen Natur; es zeigt sich darin eine gewisse gesunde Auflehnung gegen das Dienstwesen der vorigen Periode. Mit der Auflösung des Lehnswesens hängt dies unmittelbar zusammen. Die Ausübung des Fehderechts, die sowohl wegen strafrechtlicher als wegen privatrechtlicher Ansprüche zulässig war, war aber an gewisse Voraussetzungen geknüpft. Zuvörderst natürlich, daß die Gerichte, obgleich sie darum angegangen waren, keine Hilfe gewähren konnten. Und das geschah oft. Zwar, erschien der Angeklagte vor Gericht, so wurde allerdings das Urteil sofort vollzogen. Aber „die Nürnberger henken niemand, sie hätten ihn denn", und in dieser Zeit war es eben die Regel, daß sich der Beklagte nicht vor Gericht stellte. Das Gericht hatte freilich den Bann, aber nur innerhalb seines Sprengels, nicht im Nachbarbezirk, und so war bei den unzähligen Gerichtsbezirken nichts leichter, als sich dem Gerichte zu entziehen. Die zweite Voraussetzung rechter Fehde war, daß sie drei Tage vorher offen und förmlich angesagt, und daß im Fehdebrief der Grund der Absage genannt wurde, widrigenfalls man für einen Landfriedensbrecher angesehen wurde. Einen solchen Fehdebrief an die Reichsstädte Ulm und Eßlingen vom Jahre 1452 teilt Wächter mit: „Wisset, Ihr Reichsstädte, daß ich, Claus Dur von Sulz, und ich, Waidmann von Deckenpfronn, genannt Ganser, und ich, Lienhard von Bercken, genannt Spring ins Feld, Euer und aller der Eurigen Feind seyn wollen von wegen des Junker Heinrich v. Isenburg. Und wie sich die Feindschaft fürder macht, es sei Raub, Brand oder Todschlag: so wollen wir unsere Ehr mit diesem unserem offenen besiegelten Brief bewart han. Deß zu Urkund u. s. w."

Wie bei der Vehme, so lag auch im Fehderecht der Keim zu Mißbräuchen inne. Rauflust und Kampfeslust, verbunden mit Beutegier, brachte sie zur Ausartung und löste Deutschland vollends in eine Unzahl kleiner, das Land verwüstender Kriege auf. Ein Markgraf von Brandenburg rühmte sich z. B., daß er in seinem Leben 170 Dörfer verbrannt habe. Aus den nichtigsten Ursachen wurde Fehde angesagt, oft der gesetzlichen Schranken nicht geachtet, und namentlich der Adel betrachtete die Ausübung des Fehderechtes geradezu als Sport oder Erwerb, denn viele legten sich auf Straßenraub und lebten „aus dem Stegreif", d. h. aus dem Steigbügel. Mehr komischer Art ist das Ansagen der Fehde durch die Leipziger Schuhknechte an die Leipziger Studenten vom Jahre 1471. Kurfürst Ernst machte aber kurzen Prozeß und ließ sie sämtlich einsperren. Es wurde also nötig, dem Unwesen zu steuern. Dem sollten die Landfrieden, die wiederholt errichtet wurden, dienen, aber sie halfen wenig, und selbst der „ewige" Landfriede von 1495 mußte noch oftmals erneuert werden. Was Wunder, wenn daher „niemand dem Landfrieden traute?" Auch hier brachte erst die erstarkende landesherrliche Macht Wandlung.

*

Der den Germanen innewohnende Trieb zur Genossenschaftsbildung hat aber nicht nur die Entstehung der Rechtsquellen in ihrer Mannigfaltigkeit beeinflußt, sondern dem Wesen des gesamten Rechtes selbst seinen Stempel aufgeprägt. Bis zum Ausgang des Mittelalters und vor der Aufnahme des römischen Rechtes ist das gesamte Recht seiner Art nach genossenschaftlich, modern ausgedrückt: sozial, „gemeiner Nutz geht vor sonderlichem Nutz". In

Zusammenhang damit steht, daß es eine begriffliche Scheidung zwischen öffentlichem und privatem Recht überhaupt nicht kennt. Die ganze Entwickelung des Staates, sofern man von einem solchen im Mittelalter überhaupt reden kann, ist nur die allmähliche Erweiterung des Familienverhältnisses. Niemals betrachtet das Recht den Einzelnen als Einzelnen mit unbeschränkter Bewegungsfreiheit, wie das römische Recht, sondern die Beziehungen des Einzelnen zum Einzelnen stets als Beziehungen von Gliedern zu Gliedern eines höheren Ganzen, einer Genossenschaft; ebensowenig aber die Beziehungen der Genossenschaft als losgelöst von denen ihrer Mitglieder und diese nur um ihrer selbst willen vorhanden.

So wurden einerseits Bethätigungen, die lediglich solche der Gesamtheit, der Genossenschaft als solcher, sind, wie Ämter, Gerichtsbarkeit, Ausübung der Strafgewalt, als privatrechtliche Vermögensstücke behandelt und gleich diesen vererbt und veräußert. Es braucht nur an das Benefizial- und Lehnswesen erinnert zu werden. Aber auch sonst überwiegt das privatrechtliche Wesen noch vielfach bei Ausübung öffentlicher Aufgaben. Die öffentlichen Strafen treten vor den Bußen und dem an den Verletzten oder dessen Sippe zu zahlenden Wergelde zurück, die Strafverfolgung selbst ist Privatsache, geschieht fast niemals von amtswegen, das Prozeßverfahren bewegt sich in einem lediglich vom Willen der Streitenden abhängigen Rechtsgange und ist der Prozeßleitung des Richters fast ganz entzogen. Auf der anderen Seite werden rein privatrechtliche Einrichtungen, wie insbesondere Eigentum am Grund und Boden und Erbrecht, durchaus vom öffentlich-rechtlichen Standpunkt aus betrachtet.

So sehr der Deutsche an sich Individualist ist, das deutsche Recht als vornehmlichster Ausdruck des Verhältnisses des Deutschen zu seinen Volksgenossen ist weit davon entfernt, individualistisch zu sein, wie fälschlich oft behauptet wird. Diese Eigenschaft hat erst das römische Recht hinein gebracht. Überall ist noch der Einzelne rechtlich gebunden durch seine Stellung als Glied einer oder mehrerer Genossenschaften, nirgends kommt ihm eine Befugnis als freiem Einzelwesen zu. Die Rücksicht auf Ehe, Familie und weitere Genossenschaften, wie wir deren genugsam kennen gelernt haben, namentlich die Rücksichten auf Gemeinde und Staat, binden so im deutschen Rechte überall das Eigentum, im geraden Gegensatze zum römischen Rechte, das der unbeschränkten Freiheit des Einzelnen zuliebe alle derartigen Rücksichten opfert. So steht der Germane von Anfang an fest in der Genossenschaft der Sippe. Die Sippe nimmt Rache für seine Verletzung. Der Sippe aber fällt auch ein Teil der Buß- und Wergelder zu. Die Sippe tritt geschlossen vor Gericht als Eideshelferin mit dem Sippegenossen auf und ficht auch wohl mit ihm den gerichtlichen Zweikampf aus. Und ebenso war ursprünglich alles Eigentum Eigentum der Sippe. Beim Tode des Sippegenossen wurde daher thatsächlich nur eine bisherige Beschränkung des gemeinschaftlichen Eigentumes frei, und die überlebenden Sippegenossen erben weniger als behalten die Hinterlassenschaft. „Der Tote erbt den Lebendigen", d. h. das Erbe vererbt unmittelbar an den Lebendigen, es ist kein Erbantritt erst erforderlich, und zwar gilt „Der nächste zur Sippschaft, der nächste zur Erbschaft", „Das Gut bleibt bei dem Blute, woher es gekommen."

Dieses Gesamteigentum, diese genossenschaftliche Ausgestaltung des Eigentumes zeigt sich schon bei Lebzeiten in den Anwartschafts- und Einspruchsrechten der nächsten Sippegenossen bei etwaigen Veräußerungen oder Belastungen von Liegenschaften. Deshalb muß sich der Veräußerer zuvor des „Erbenlaubs", der Erlaubnis der Erben zur Veräußerung, versichern. Der Einzelne hat eben nicht freies Eigentum, sondern nur Genossenschaftsrechte daran. Und deshalb ist bei den Deutschen auch nur schwer die Auffassung durchgedrungen, daß man letztwillig über seine

Die gesellschaftliche Gliederung des Volkes im Mittelalter.

1. Gott.	13. Schöffe.
2. Papst.	14. Bürgermeister.
3. Bischof.	15. Schultheiß.
4. Abt.	16. Büttel.
5. Äbtissin.	17. Bauer.
6. Priester	18. Lehnsmann.
7. Kaiser.	19. Frau und Mädchen.
8. König.	20. Hirt.
9. Herzog.	21. Sachse.
10. Lehnsherr.	22. Wende.
11. Richter aus dem Lehnrecht.	23. Wendin.
12. Richter aus dem Landrecht (Graf).	24. Jude.

Die gesellschaftliche Gliederung des Volkes im Mittelalter.

Nach Darstellungen zum sächsischen Land- und Lehnrecht aus dem 12. und 13. Jahrhundert, wiedergegeben in den „Teutschen Denkmälern" von Batt, Babo, Eitenbenz, Mone und Weber; Heidelberg 1820.

mit einem Unfreien galt sogar als todeswürdiges Verbrechen. Im Laufe der Zeit bildeten sich dann sowohl bei den Freien als bei den Unfreien, die namentlich durch Teilnahme am Hofrecht allmählich Rechtsfähigkeit erlangten, verschiedene Zwischenstufen aus. Der altgermanische Geschlechteradel ging unter, und es entstand der Gegensatz zwischen vollfreien Grundeigentümern und Hörigen. Unter ersteren aber teilte sich das Beamtentum namentlich in fränkischer Zeit von dem freien Bauern ab, anfangs noch durchaus ebenbürtig mit diesem. Doch die Erblichkeit der Ämter und die steigende Macht einzelner schuf auch hier bald aus dem Beamtentum einen besonderen erblichen Beamtenadel, aus dem nachmals unser hoher Adel der Reichsfürsten erwachsen ist. In diesem allein ist auch, wie manche alte Rechtseinrichtung, der Grundsatz der Ebenbürtigkeit aufrecht erhalten worden. Nur daß ihm von Anfang an auch die gewöhnlichen Freien noch ebenbürtig waren. Und wie hier aus dem Berufsstande des Beamtentums durch Erblichkeit und Ebenbürtigkeit ein Geburtsstand wurde, so geschah dies in gleicher Weise unter dem Einflusse des Lehnrechtes bei denjenigen, die im Heere Reiterdienst thaten und so ritterliche Lebensart führten. Auch aus diesen rittermäßig lebenden Personen bildete sich eine Genossenschaft, ein Stand heraus, und bald wurde er mit der Ritterbürtigkeit verbunden. Sobald aber der Gegensatz zwischen ritterlicher Lebensart und bäuerlicher Beschäftigung, wie im Mittelalter, immer tiefer wurde, kamen einerseits die Freien und Ritterbürtigen einander näher, trugen dadurch aber auch zur engeren Abschließung des hohen Adels mit bei, da unter den Rittern auch Unfreie waren, wie wir bei der Darstellung des Lehnswesens gesehen haben. Anderseits wurden die Freien, sofern sie bäuerliche Beschäftigung trieben, mit den hörigen Bauern vermengt. „Wer Ritters Recht hat, ist von Ritters Art“, „Wer kein Edelmann ist, gilt für einen Bauern.“ Ja sogar in die Genossenschaften, die sich aus einem gleichartigen Gewerbebetrieb bildeten, die kaufmännischen Gilden und Zünfte, drängte sich der Grundsatz der Ebenbürtigkeit ein und trug nicht wenig dazu bei, sie zu der starren Abschließung zu bringen, die nachmals die Ursache ihres Verfalls wurde. „Meisterssohn bringt das Recht mit sich.“

So herrschte überall das Bestreben, wie die Genossenschaft der Sippe selbst, so auch die Genossenschaft der Gleichgeborenen, der Stände unter sich, möglichst in enger Abgeschlossenheit zu halten. Bei der Sippe zeigte sich das in der Begünstigung der Verwandtenehen nach Abschaffung der Raubehe, und nur allmählich gelang es der Kirche, durch Aufstellung von Ehehindernissen hier Abänderung zu schaffen. Besonders auf dem Lande wird heute noch vielfach die Ehe „in der Freundschaft“ bevorzugt, und es gibt in Deutschland genug Dörfer, in denen alle Bauern miteinander verwandt sind. „Heirate über den Mist, dann weißt du, wer sie ist“, und „Kauf deines Nachbarn Rind und freie deines Nachbarn Kind.“ Und ebenso sehen die Zünfte darauf, daß nur gleiche Genossen in sie eintreten. „Was unehrlich ist, können die Zünfte nicht leiden“, „Die Zünfte müssen so rein sein, als wären sie von Tauben gelesen.“

Ein Nachklang an jenen Grundsatz der Ebenbürtigkeit und die Auffassung aller Stände als Geburtsstände mit verschiedener gesellschaftlicher Wertschätzung findet sich noch heute, wo rechtlich bedeutsam nur noch der Stand des hohen Adels ist und alle anderen Stände wirkliche Berufsstände sind, in der altfränkischen, aber mehr als je in Blüte stehenden Sitte der Deutschen, jemanden als hochgeboren, hochwohlgeboren und wohlgeboren zu begrüßen. Und es ist immerhin bezeichnend, daß in Preußen die mittelalterliche Anschauung von der alten Ritterbürtigkeit noch insofern fortlebt, als jeder Offizier ohne weiteres amtlich mit Hochwohlgeboren tituliert wird, während andere Zivilbeamte dieser Bezeichnung erst mit der Erlangung des Ratstitels gewürdigt werden, bis dahin aber nur wohlgeboren sind!

Die Verschiedenheit der Stände und der Geburt war jedoch bei den Germanen und Deutschen des Mittelalters keineswegs nur von gesellschaftlicher, sondern durchweg von rechtlicher Bedeutung, wie etwa heute noch beim hohen Adel. Denn nur die Gleichgeborenen haben als Genossen gegeneinander gleiche Rechte, „Genossame". Das kommt in verschiedener Hinsicht zum Ausdruck. Nur der Ebenbürtige kann über einen Genossen richten, niemals der Ungenosse; nur der Ebenbürtige kann wider den Genossen Zeugnis ablegen oder ihm Eideshilfe leisten, nur mit dem Ebenbürtigen kann man gerichtlichen Zweikampf ausfechten, dem Untergenossen darf man ihn verweigern. Wer dächte hier nicht sofort an unsere heutige Auffassung von der Satisfaktionsfähigkeit! Es kommt eben überall noch der genossenschaftliche Zug des Deutschen, der ihm im Blute liegt, wo er kann, zur Erscheinung und verbindet so die Gegenwart mit der Vergangenheit, uns beweisend, daß das innerste Wesen des Volkstumes durch alle Jahrhunderte dauert. Vor allem bedeutsam wird aber die Ebenbürtigkeit im Erbrecht, denn „wer nicht ebenbürtig ist, der mag kein Erbe nehmen". Und wenn auch Ehen zwischen Unebenbürtigen nicht ungültig sind, so hat die Unebenbürtigkeit doch vielfach rechtliche Folgen. Der Mann verliert seinen Stand, wenn er aus niederem Stande die Frau nimmt, „Unfreie Hand zieht die freie nach sich" und etwas derb: „Trittst du mein Huhn, so wirst du mein Hahn"; auch „Das Kind folgt der ärgeren Hand".

*

Wie der Deutsche die Echtlosigkeit oder Friedlosigkeit kennt als Ausstoßung aus der Gemeinschaft des ganzen Volkes und damit völlig rechtlos wird, bußlos erschlagen werden kann, so kennt er auch eine gänzliche oder anteilige, dauernde oder zeitweilige Entziehung der engeren genossenschaftlichen Standesrechte, eine Verweigerung der Geltendmachung jener Standesrechte: die Rechtlosigkeit und die Ehrlosigkeit.

Die Ehre ist ihrer Wortbedeutung nach der Glanz, das Licht, das die Persönlichkeit ausströmt. Wie der Mensch dem Deutschen aber nicht nur als Einzelwesen, sondern vornehmlich als Glied eines genossenschaftlichen Verbandes erscheint, so ist auch der Glanz, der ihn umgibt, ein zwiefacher. Einmal ist er gleichsam einer, der durch den inneren Wert des Menschen hervorgebracht wird, der Widerschein der inneren reinen Persönlichkeit, der reinen Gesinnung. So wird ehrlos, verliert diesen Glanz, wer gemeine und niedrige, schwarze Gesinnung bekundet durch Neidingswerke, wie Treubruch und heimlich begangene Verbrechen. Und die Folgen dieser Ehrlosigkeit sind außer dem Verluste der Achtung der übrigen Menschen auch Verlust der Glaubwürdigkeit: er wird eidesunfähig.

Daneben hat der Glanz aber auch seinen Ursprung in der genossenschaftlichen Stellung des Menschen, ist er der Widerschein des Standes, dem er angehört in seiner Eigenschaft als Genossenschaftsglied. Dieser kann verlöscht oder verdunkelt werden oder von vornherein fehlen sowohl dadurch, daß ungenossenschaftliche, unstandesgemäße Handlungen begangen, standeswidrige Gesinnung bezeugt wird, man sich also nicht als Glied einer Genossenschaft bewährt, als auch dadurch, daß überhaupt jeder Stand mangelt. Die notwendige Folge der Verletzung oder Vernichtung der Standesehre ist aber die Versagung der Standesrechte ganz oder teilweise, die Rechtlosigkeit. Daher bedingt Ehrlosigkeit wohl von selber Rechtlosigkeit, Rechtlosigkeit aber nicht notwendig auch Ehrlosigkeit, wie sofort bei den unehelich Geborenen deutlich wird.

Wie aber die Gliederung der Stände und ihre Wertschätzung eine äußerst mannigfaltige war und von den Deutschen mit ihrer genossenschaftlichen Neigung aufs feinste ausgebildet worden ist, so hat auch die Standesehre bei ihnen eine überwiegende Bedeutung erlangt, und es hat sich höhere und niedere Standesehre entwickelt. Wie das Eigentum und alle sonstigen Rechtsverhältnisse bei den Deutschen genossenschaftlich gebunden, sozial waren, wie wir sahen, so ist gleichsam auch ihre Ehre noch genossenschaftlich gebunden. Nicht der höchstpersönliche Wert des Einzelnen steht bei ihnen in der gesellschaftlichen Wertschätzung voran, obwohl jener keineswegs verkannt wird, sondern der Wert, den der Einzelne kraft seiner Zugehörigkeit zu einem Stande, den er als Genosse hat, ist für die soziale Achtung und Wertschätzung von Bedeutung; seine Geburt, sein Stand gewährt ihm den Glanz. „Das ehelich geborene Kind trägt seines Vaters Heerschild." Das zeigt sich heutzutage noch so recht in der leidigen Titelsucht des Deutschen. Nicht auf seinen inneren Wert stützt er sich, sondern auf seine Zugehörigkeit zu irgend einem Stande, nicht einfach als ein Herr Müller tritt er auf auch im privaten Leben, sondern immer als der Herr Geheimrat Müller.

Hiermit hängt weiter eine gewisse Empfindlichkeit des Deutschen gegen Beleidigungen zusammen. Denn während die auf dem inneren Werte, der Gesinnungstüchtigkeit beruhende Ehre thatsächlich unverletzlich durch Dritte ist, der aus einem reinen Gemüte strahlende Glanz von einem anderen als dem Träger selbst überhaupt nicht verletzt und verdunkelt werden kann, ist die Standesehre allerdings verletzbar und verlierbar. Denn sie beruht auf der Achtung der Standesgenossen und dem Willen der Standesgenossen, jemanden als zu ihnen gehörig zu betrachten. Sie können die Standesehren und Standesrechte ganz oder teilweise entziehen. Sich selbst kann man nicht verlieren, die Mitgliedschaft einer Genossenschaft, eines Standes kann einem entzogen werden. Wird auf die Zugehörigkeit zu einem Stand und auf die Teilhaftigkeit an seinem Glanz und seiner Ehre aber besonderer Wert gelegt, so muß man auch ängstlich darauf achten, sich diese Zugehörigkeit durch Reinhaltung der Standesehre zu erhalten.

Nur aus dieser genossenschaftlichen Auffassung der Ehre sind die vielen „unehrlichen Leute" und die vielen Abstufungen dieser Unehrlichkeit nach der Auffassung der Deutschen des Mittelalters zu verstehen. Sie ist thatsächlich nur die Wertschätzung des Standes, dem der Betreffende angehört, oder der Ausdruck für seine Standeslosigkeit schlechthin, und oft nur eine verhältnismäßige: es kann jemand „unehrlich" gegenüber einem höher geschätzten Stande und zugleich „ehrlich" einem tiefer geschätzten Stande sein. Wie sehr aber der genossenschaftliche Zug das ganze Ständewesen und die Ausbildung des Ehrbegriffes beherrscht, das zeigt sich gerade darin, daß selbst unter diesen „Ehrlosen" und durch ihren Beruf Anrüchigen sich wieder in gleicherweise wie in den anderen Ständen Genossenschaften mit ihrer besonderen Ehre und ihren besonderen Rechten bildeten, die sich sogar ein eigenes Gericht schufen, wie z. B. das Pfeifergericht in Frankfurt a. M., das Gericht der nach der Anschauung des Mittelalters ehrlosen und standeslosen, daher von der ordentlichen Rechtsgenossenschaft ausgeschlossenen Spielleute. Diese Genossen wieder stellen sich anderen Ständen, die in tieferer Achtung als sie selber stehen, gerade so schroff gegenüber und weigern ihnen als „ehrlosen" die Aufnahme. Und auch in diesen „ehrlosen" Genossenschaften gelangt der Ebenbürtigkeitsgrundsatz zur Herrschaft: nicht nur die Ehefrau, sondern auch die Kinder werden kraft ihrer Geburt Angehörige des unehrlichen Standes, und dadurch erhält dieser dieselbe Abgeschlossenheit wie die übrigen „ehrlichen" Stände.

Welche Auffassungen im übrigen zu der verschiedenen Wertschätzung der Stände und Standesehre geführt haben, darüber wird im einzelnen später noch einiges zu erwähnen sein. Denn gewiß zeigt sich in diesen Auffassungen deutlich der Charakter eines Volkes.

2. Das Religiöse im Recht.

Wie die Sippe ursprünglich gleichzeitig Rechtsgenossenschaft und Kultgenossenschaft war, so bildeten von Anfang an Recht und Religion bei den Germanen wie bei allen jugendlichen Völkern noch ein ungeschiedenes Ganzes. Das will nicht sagen, daß man die Rechtsordnung schon in der Urzeit als eine von Gott gesetzte Ordnung auffaßte. Kam diese doch als ein von Sitte und Religion gesondertes, selbständiges Wesen zunächst gar nicht zum Bewußtsein. Aber der Glaube an die Götter beeinflußte die menschlichen Handlungen auch soweit sie rechtserzeugend waren, und durchdrang Sitte und Recht.

Es ist nun eine Eigentümlichkeit der deutschen Rechtsentwickelung, daß sie äußerst langsam vor sich ging. Wie im kalten Norden der Mensch nur langsam vom Kinde zum Manne reift, so hat auch das Recht den Zustand der Jugend lange bewahrt. Nur schwer hat es sich losgerungen als eine besondere Erscheinung des Volkslebens von Sitte und Religion, und auch dann ist die weitere Spaltung innerhalb des Rechtes in einzelnen Rechtseinrichtungen nur langsam von statten gegangen. Oft ziehen sich Zustände einer früheren Periode in die nächste und übernächste hinein in zähem Festhalten am Alten. „Es erben sich Gesetz und Rechte wie eine ewige Krankheit fort. Sie schleppen von Geschlecht sich zu Geschlechte und rücken sacht von Ort zu Ort." Von wesentlichem Einfluß auf die Beschleunigung oder Hemmung jener Entwickelung ist aber die Volksart gewesen. Dies gilt vor allem von dem religiösen Sinne der Germanen. Er hat die Trennung des Rechtes als einer besonderen Lebensäußerung der Gemeinschaft von der Religion nicht nur verzögert, sondern auch dann noch, als die Trennung stattgefunden hatte, dem ganzen Recht eine religiöse Färbung bewahrt. Dies zeigt sich darin, daß die beiden Entwickelungsstufen, die wir bei der Religion gefunden haben: Ahnenkultus und Kultus der Volksgottheiten, auch für das Recht bedeutungsvoll sind.

Die Rache ist zweifellos die älteste aus der Natur des Menschen kommende Auflehnung gegen eine erlittene Verletzung; sie findet sich deshalb bei allen Völkern in ihrer Jugendzeit. Da aber die Rache erst mit der völligen Vernichtung des Verletzers befriedigt wird, so zielt sie bei dem Naturmenschen auf dessen Tötung, vornehmlich wenn jener auf handhafter That ergriffen wurde und die Erregung daher noch ihren Höhepunkt hatte. In diesen Fällen war sie noch lange Zeit auch rechtlich anerkannt bei Ehebruch und Frauenraub, im römischen sowohl als im deutschen Recht; und einen wenn auch stark abgeschwächten Rest dieses stärksten menschlichen Triebes finden wir noch heute in unserem Strafrechte, wenn es sofortige Erwiderung auf erfahrene Beleidigung straflos zu lassen gestattet. Denn „auf einen groben Klotz gehört ein grober Keil". Vornehmlich nun fordert der Totschlag eines Sippegenossen bei den übrigen Rache und Wiedervergeltung heraus. In Verbindung mit dem Seelen- und Ahnenkultus aber wurde diese Rache für vergossenes Blut ihres Genossen nicht nur zum Recht, sondern zur religiösen Pflicht. Es ist ein uralter Glaube, daß die Seele des Erschlagenen keine Ruhe findet, bevor ihr nicht der Mörder geopfert ist. Bei dem Glauben, sie bedürfe, um ihrer Schmächtigkeit aufzuhelfen, der körperlichen Nahrung, lag es so nahe, ihr gerade den Leib desjenigen zu überlassen, der sie zum Verlassen ihres Leibes gezwungen hatte. Und zugleich lag in der Tötung eines Sippegenossen die Verletzung des Geschlechtsahnen, dem religiöse Verehrung geweiht wurde, und dessen Versöhnung daher gleichfalls ein Opfer forderte. Nicht eher wurde die Leiche des erschlagenen Blutsfreundes beerdigt, als bis der Totschlag gerächt war, und noch im 13. Jahrhundert pflegten die Friesen den Leichnam des Erschlagenen im Hause aufzuhängen, bis der Mord gesühnt war.

Die Blutrache also, oder, wie es im Mittelalter hieß, die Todfeindschaft, wurde zur vornehmsten Pflicht der Sippe. Da aber der gegnerischen Sippe des Verletzers ihrerseits die Pflicht oblag, ihren Genossen zu schützen, so stellt sich die altgermanische Fehde als Geschlechterfehde dar; es besteht zwischen zwei Geschlechtern ein thatsächlicher Kriegszustand, Feindschaft, Fehde (= fêhida von fêhan, hassen). Der nächste Verwandte des Erschlagenen ist der Anführer in diesem Krieg, und der Zweck ist keineswegs, gerade den Totschläger zu treffen, sondern auf den besten Mann aus der feindlichen Sippe ist es abgesehen. Die in der Fehde erfolgte Tötung aber mußte als solche kenntlich gemacht werden, die Waffe, mit der der Gegner getötet wurde, wurde ihm auf die Brust gelegt. Die Franken steckten auch wohl das Haupt des Erschlagenen auf einen Pfahl oder stellten den Leichnam auf einer Bahre aus. Aus dieser religiösen Anschauung heraus, der Seele des erschlagenen Sippegenossen ein Opfer zu bringen, hat sich auch gerade die Blutrache bei den Deutschen am längsten erhalten und selbst dann noch, als die Fehde wegen geringerer Verletzungen bereits eingeschränkt war. Schon Karl der Große war erfolglos gegen die Blutrache aufgetreten, und verschwunden ist sie erst völlig am Ausgange des Mittelalters, als der Zusammenhang der Sippe sich lockerte und das Familienbewußtsein erlosch. Am längsten hat auch sie deshalb wieder bei den Friesen und Sachsen gelebt, die, wie wir schon öfter sahen, das Alte am treuesten und zähesten bewahrten. So wurde, wie Frauenstädt erzählt, noch im Jahre 1577 in Holstein ein Bluträcher von der Anklage des Mordes freigesprochen. In der Schweiz war die Blutrache ebenfalls noch im 16. Jahrhundert rechtlich anerkannt.

Daß aber thatsächlich die Tötung im Wege der Blutrache als Opfertod für die Seele des Erschlagenen angesehen wurde, das beweist auch eine andere Entwickelungsreihe, die auf den modernen Gedanken der Schadenshaftung ausläuft. Ursprünglich nämlich haftete der Eigentümer eines Knechtes, Tieres, überhaupt jeder Sache für allen durch sie verursachten Schaden und war deshalb auch wegen der durch sie verübten Verletzungen und Tötungen mit seiner ganzen Sippe der Fehde ausgesetzt, denn er galt als Teilnehmer an deren Vergehungen. Hier aber vornehmlich war wohl die verletzte Sippe geneigt, ein Sühnopfer anzunehmen und von der Fehde abzustehen. Sie begnügte sich daher mit der Auslieferung des Knechtes oder Tieres, um durch dessen Opfertod der Seele des Erschlagenen oder sonst Getöteten Ruhe zu verschaffen. Nun ist es aber ganz eigentümlich, daß aus dieser Opferung von Knecht und Tieren sich eine Strafe der Hinrichtung nicht bloß der Knechte, sondern auch der Tiere entwickelte, und es darf mit Recht daraus geschlossen werden, daß die auf gleichem Grunde beruhende Menschentötung in der Blutrache ebenfalls ursprünglich vom Gesichtspunkte eines rituellen Opfers aus erfolgte. Derartige Hinrichtungen von Tieren, die einen Menschen getötet hatten, finden wir in der fränkischen Zeit, z. B. werden bissige Hunde aufgehängt, und später hat sich daraus geradezu ein förmliches Prozeßverfahren gegen Tiere entwickelt. Dies hat freilich seinen Grund auch noch darin, daß dem ursprünglichen Menschen die Entfernung vom Tiere noch nicht so weit dünkt und er ihm ebenso wie sich selbst Persönlichkeit mit selbständigem Willen und eigener Verantwortlichkeit zuschreibt. Mit der Auslieferung eines Tieres an den Verletzten oder seine Sippe zur Opferung oder Bestrafung befreite sich aber naturgemäß der Herr von weiterer Haftung, und so finden wir noch jetzt in verschiedenen Landesrechten die auf diesen alten Brauch zurückweisende Bestimmung, daß der Herr und Eigentümer eines Tieres, das Schaden angerichtet hat, von Ersatz dieses Schadens sich befreien kann, wenn er dem Verletzten das Tier preisgibt.

In der Vermenschlichung gingen übrigens die alten Germanen noch weiter: auch leblose Sachen wurden beseelt gedacht. Es weist dies auf die Anfänge der Religion zurück, worüber wir schon früher sprachen. Die Folge aber war, daß diese Sachen wie die Knechte und Tiere behandelt wurden und eine Haftung des Eigentümers eintrat, auch wenn sie nur zufällig eine Beschädigung verursacht hatten. Das alte Recht kannte eben keinen Zufall: die Sachen verletzten gleichsam willentlich. Daß bei dieser Beseelung die Waffe in erster Linie steht, kann bei den Germanen nicht wundernehmen. Sie lädt eine Blutschuld auf sich, wie der Mensch, wenn sie einen Menschen tötet, und ist „unrein", solange diese Schuld noch ungesühnt ist; jeder, der eine solche „unreine" Waffe in die Hand nimmt, hat darum teil an ihrer Blutschuld und muß für sie büßen. Deshalb nahmen Schwertfeger Waffen zur Bearbeitung oft nur unter ausdrücklichem Vorbehalt der Freiheit von Haftung und wurden anderseits verpflichtet, sie „gesund", von jeder Blutschuld rein, zurückzugeben.

Wie so die religiösen Vorstellungen die Sippe nach außen hin thätig werden ließen, so wirkte der Ahnenkultus auch nach innen hin in der Strafgewalt der Sippe über den Sippegenossen, sofern durch diesen die Ahnenseele etwa beleidigt worden war und es daher deren Versöhnung galt, um die ganze Sippe vor Schaden zu bewahren. So tötete z. B. die Sippe die Ehefrau, die sich des Ehebruches schuldig gemacht hatte.

In gleicher Weise wirkte der Glaube an eine Volksgottheit ein, als sich die Kultgenossenschaft der Sippe zur Kultgenossenschaft einer Völkerschaft erweitert hatte. Wer eine unmittelbar gegen die Volksgemeinschaft gerichtete That unternimmt oder gar das Eigentum des Volksgottes oder dessen Friedensbezirk verletzt, verletzt den Volksgott selber, und es gilt daher für die übrigen Volksgenossen, die Rache des verletzten Gottes von sich abzuwenden. Das war auf zweierlei Art möglich: entweder sagte sich die Volksgemeinschaft von dem Verbrecher los, wie sich die Sippe unter Umständen von ihrem Genossen lossagen konnte, um nicht mit ihm der Rache der Gottheit zu verfallen; dieser Ausschluß aus der Volksgemeinschaft ist die Friedlosigkeit. Oder in ganz schweren Fällen bedarf es, um die Gottheit zu versöhnen, der unmittelbaren Opferung des Verbrechers. Hierher gehören namentlich alle Neidingswerke, Thaten, die besonders hassenswert sind, wie Verräterei, Feigheit, schädliche Zauberei &c. Dann wurde durch ein Ordal festgestellt, ob dem Gotte das Opfer genehm sei, und wenn er es annahm, es also für den Verbrecher ungünstig ausfiel, wurde dieser zum Opfer gegeben.

Die Tötung war sonach ein Kultakt und in ihrer Ausführung verschieden, je nach dem Gotte, dem der Verbrecher zur Sühne geopfert wurde. Entweder wurde ihm am Opfersteine der Rücken gebrochen, oder er wurde in einen Sumpf gestürzt, ins Meer geworfen. Das Hängen war unter Umständen mit besonderen Kultformen verbunden, indem es mit einer Weidenrute, dem ältesten Strick, am laublosen Baum ausgeführt wurde, eine Form, die, wie wir sahen, die westfälischen Vehmgerichte noch bewahrt hatten. Hierher gehört auch das Mitopfern von Tieren, die gewissen Gottheiten geweiht waren, z. B. von Hunden an Stelle der Wölfe. Wie alles, was im Heidentume den Göttern heilig war, vom Christentum als schädlich und verächtlich hingestellt wurde — es sei nur an die Umwandlung der heidnischen Götter in Teufel und Spukgestalten erinnert — so wurde auch der Hund zum verachteten Tier und das „Hundetragen" eine empfindliche Ehrenstrafe. „Das Ding wird den Hund haben." Auch die Vollziehung der Strafe des Hängens derart, daß das Antlitz nach Mitternacht gekehrt sein mußte, und daß der Tod nicht sofort eintrat, beruhte auf religiösen Anschauungen. Nach der Edda hing Odhin neun Tage am Weltenbaum. Und deshalb war es auch ein Verbrechen gegen die Gottheit, wenn man einen zur Strafe Gehenkten lebend oder tot vom Galgen nahm, da hierdurch dem Gotte sein Opfer entzogen wurde. Auch das Rädern war ursprünglich ein ritueller Opfertod.

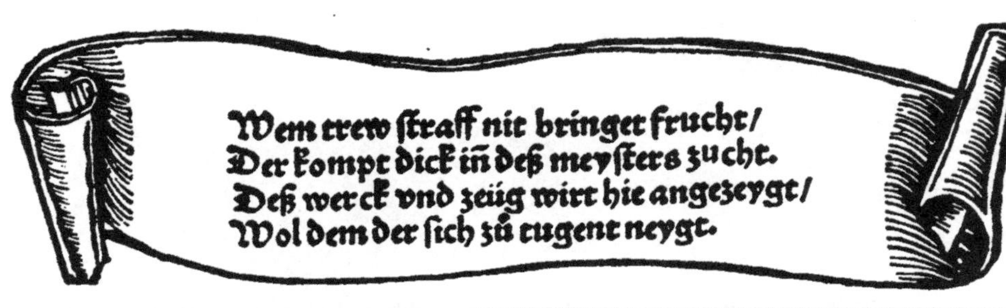

Eyn vorred wie man mißthat peinlich straffen soll.

cxxv

¶ Item so jemandt den gemeinen geschriben Rechten nach/ durch eyn ver handlung das lebẽ verwirckt hat/ mag mã nach gůtter gewonheyt/ oder nach ordnung eyns gůtten rechtuerstendigen Richters/ so gelegenheyt vñ ergernuß der übelthat ermessen kan/ die form vñ weise derselben tödtung halten vñ urtey len/ aber iñ fällen darumb (oder derselben gleichẽ) die gemein Keyserlichẽ recht nit setzen/ oder zůlassen/ jemandt zum todt zůstraffen / haben wir iñ diser vnser ordnung auch keynerley todtstraff gesetzt/ aber iñ etlichen mißthaten lassen die recht peinlich straffe am leib oder glidern zů/ damit dannest die gestrafften bey dem leben bleiben mögen/ Die selben straff mag man auch erkeñen vnd gebrau chen nach gůtter gewonheyt deß landts/ oder aber nach ermessung eyns gůten

Eine Seite aus der Bambergischen Gerichtsordnung von 1538.

Nach dem Original in der Universitätsbibliothek zu Leipzig.

Vom Hain der Hertha erzählt Tacitus: Rosse wurden vor ihren heiligen Wagen geschirrt, und die Priester begleiteten sie, das Wiehern und Schnauben der Tiere beobachtend. Das Töten durch Überfahren mit dem Wagen der Göttin war die ihr gemäße Opferung, aus der später das Rädern, das Zerstoßen der Glieder durch ein Rad und das Aufflechten auf ein Rad, entstand (s. die beigeheftete Tafel „Eine Seite aus der Bambergischen Gerichtsordnung von 1538"). Eine Erinnerung an den Ursprung der Todesstrafe im Opfertode lebt heute noch darin fort, daß nach dem Volksglauben dem Verbrecher das Leben gebührt, wenn die Hinrichtung nicht gleich gelingt. Denn dann hat die Gottheit das Opfer nicht annehmen wollen. Ferner hält es abergläubisch Gegenstände, die dem Hingerichteten gehörten, oder gar Körperteile von ihm für zauberkräftig und glückbringend, denn sie sind Teile eines dem Gott geweihten Opfers.

Weil aber die Todesstrafe Menschenopfer war, so war ihre Vollziehung bei den alten Germanen auch Sache des Priesters, der zugleich Richter und Heerführer war. Später wurde sie vom Grafen oder anderen öffentlichen Beamten vollzogen, oder es wurde ein freier Volksgenosse damit beauftragt, wie es ja bei den Vehmgerichten ebenfalls noch Pflicht jedes Freischöffen war, das Todesurteil zu vollstrecken. Auch hierin haben die westfälischen Vehmgerichte, wie überall die niederdeutschen Stämme, das alte Recht eben nur bewahrt. Weil die Vollstreckung der Todesstrafe noch vielfach die Formen eines Opfers für die Götter an sich trug, wurde sie anfänglich von der Kirche als unchristlich angesehen, wie alles Heidnische, und von ihr bekämpft.

Aus der Auffassung der Todesstrafe als Opfertod zur Entsühnung für begangene Verletzung der Gottheit ist auch die Wüstung der Heimstätte des Verbrechers entstanden. Es sollten eben alle Spuren des Verbrechers und Verbrechens vom Erdboden getilgt werden. Ein Nachklang hieran ist noch heute in der Einziehung der Gegenstände, mit denen das Verbrechen begangen wurde, vorhanden. In Verbindung mit dem Seelenkultus und der Vorstellung, daß die menschliche Seele nach dem Tode fortlebend und beim toten Körper schwebend gedacht wurde, steht die Auffassung, daß die Beraubung eines toten Menschen, der Leichenraub (althochd. walaraupa, von wala = Leichnam, vgl. Walstatt, Walhalla), als Verbrechen gegen die Religion angesehen wurde und als Neidingswerk galt. Auch nach dem deutschen Strafgesetzbuche ist der Leichenraub ein mit härterer Strafe belegtes Vergehen.

Nur die Neidingswerke heischten unbedingt Opferung des Verbrechers. Minder schwere Verbrechen mochten wohl auch durch ein Reinigungsopfer anderer Art gesühnt werden (suona, althochd. sona = Sühne, Opfer), insbesondere durch Opferung von Vieh. Diesen Ersatz für das Menschenopfer ließ die Sippe namentlich gern gelten, wenn das Vieh so reichlich gewährt wurde, daß es nicht sämtlich der Ahnenseele geopfert zu werden brauchte, sondern auch für die lebenden Genossen noch etwas übrigblieb. So bildete sich denn der Brauch heraus, daß die Sippe auch gegen Zahlung eines Manngeldes, Wergeldes (wer = Mann; geld, althochd. gelt, westnordisch gjald = Opfer) auf die Blutrache verzichtete, was aber immer bei ihr, nicht beim Gegner stand. Wurde zur Erlangung dieser Buße von ihr noch die öffentliche Gewalt in Anspruch genommen, so mußte dann auch an die Gesamtheit der Volksgenossen das Friedensgeld (altfränkisch frethu, latinisiert fredus), mit dem man auch die Friedlosigkeit beseitigen konnte, bezahlt werden. Die Beträge, mit denen auf diese Weise der Friede der verletzten Sippe und der verletzten Volksgemeinschaft erlangt werden konnte, sind ganz genau im einzelnen festgesetzt, jedes Glied hat seinen besonderen Wert, und ihre Bezifferung bildet einen Hauptinhalt der alten Volksrechte. Als „Sachsenbuße" hat sich dieses Wergeld noch lange im Norden und im sächsischen Rechte erhalten und besteht heute noch im sächsischen bürgerlichen Gesetzbuche für die Fälle rechtswidriger Freiheitsberaubung. Die Höhe des Wergeldes war in alter Zeit für den Einzelnen fast unerschwinglich und nur durch das Zusammenschießen aller Sippegenossen zu erreichen. Dieser Umstand hat nicht wenig zum schließlichen Zerfall der alten Geschlechtsverbände mit beigetragen.

Die ursprünglich religiöse Natur des Sühneopfers, die das Wergeld hatte, führte freilich im Laufe der Zeit dazu, daß bei Verbrechen gegen Leib und Leben das Abkaufen der Rache aufkam und das Geldinteresse nicht ganz ohne Bedeutung blieb. Sehen wir doch beim Ablaßhandel in der katholischen Kirche ganz dieselben Gedanken wieder wach werden. Die Grundauffassung aber, daß solche Verletzungen gegen Leib und Leben aus religiösem Gesichtspunkte mit einem Opfer für die Seele des Getöteten oder des Geschlechtsahnen zu sühnen seien und daß deshalb vorwiegend die Sippe und der Verletzer hierbei beteiligt seien, nicht die Volksgemeinschaft, zieht sich durch das ganze deutsche Strafrecht und lebt, wennschon unbewußt, auch heute noch fort. Das ist auch allein der Grund dafür, daß erst nach und nach im 13. Jahrhundert der Totschlag als öffentliches Verbrechen angesehen, aber immer noch nur auf Antrag verfolgt wurde. Noch im Jahre 1488 wurde über einen Totschlag ein Vergleich abgeschlossen. Es waren das eben nach der Auffassung Verletzungen, die nur die Sippe betrafen; die verschiedenen Sippen wurden als zwei kriegführende Parteien angesehen. Diese Selbständigkeit spiegelt sich in dem späteren Sprichwort wider: „Er lebt wie ein Reichsstädtchen." Erst im 16. Jahrhundert wird von der Notwendigkeit eines Antrages abgesehen und die Verfolgung von amtswegen übernommen. Hieraus auch, in Verbindung mit der Geringschätzung von Leib und Leben bei den kriegerischen Germanen überhaupt und der milden Auffassung aller leidenschaftlichen, aber offen begangenen Verbrechen im Gegensatz zu den heimlich begangenen, worauf wir noch zu sprechen kommen, ist es zu erklären, daß allerdings die Höhe der Strafen für Verbrechen wider Leib und Leben bei uns in auffälligem Mißverhältnisse steht zu der Höhe der Strafen wider das Vermögen. Merkwürdig ist die Beleuchtung, die diese Thatsache und die Neigung der Gerichte, jene Verbrechen mild, diese hart zu bestrafen, durch Bismarck in seiner Reichstagsrede vom 3. Dezember 1875 bei der Abänderung des deutschen Strafgesetzbuches erfahren hat. Er sagte damals: „Wenn die Sicherheit, der öffentliche Friede, die Ehre, der gute Ruf, die körperliche Gesundheit, das Leben des Einzelnen so gut geschützt wären wie unsere Geldinteressen, dann hätten wir gar keine Novelle nötig. Nicht bloß im Strafrecht, sondern auch in der Auffassung der Richter, ich weiß nicht, woran es liegt, ich wundre mich jedesmal über die gerechte Schärfe der Verurteilung in Eigentumsfragen neben der außerordentlichen Nachsicht gegen Körperverletzungen. Das Geld wird höher im Gesetzgebungstarif veranschlagt als die Knochen. Man kann jemandem weit wohlfeiler eine Rippe einschlagen in einem nicht prämeditierten Kampfe, als man sich erlauben darf, etwa auch nur eine fahrlässige Fälschung eines Attestes zu begehen — namentlich aber, wenn es eine Geldfrage ist, das geht immer gleich auf fünf, sieben Jahr Zuchthaus. Und dicht daneben findet man ausgeschlagene Augen von Polizeibeamten, schwere körperliche Mißhandlungen mit Lebensgefahr und Nachteil für die Gesundheit, und das erscheint fast als ein leichter, entschuldbarer Scherz." Es ist zweifellos viel Wahres hierin, die Erklärung liegt aber nicht in einer materialistischen Denkungsart des deutschen Volkes, sondern ist geschichtlich aus dem geschilderten Ursprunge zu erklären, ebenso wie der Umstand, daß viele Vergehungen gegen die Unversehrtheit des Körpers von einem Antrage abhängig sind.

Es wurde schon der persönlichen Verletzungen der Gottheit als Neidingswerke gedacht. Es sind Verletzungen von Personen und Gegenständen, die unter ihrem besonderen Schutze stehen, die daher besonderer Schonung bedürfen, besonderen Frieden haben. Derartige gottgeweihte Frieden kennen die Germanen viele, und der Hausfriede ist heute noch bei ihnen vor allem geschützt und heilig. „My house is my castle“, „Jeder ist Meister in seinem Haus.“ Auch der Marktfriede ist religiöser Natur, und noch in christlicher Zeit bezeichnete ihn das Marktkreuz. Nicht minder ist der Friede, der zur Zeit der großen Götterfeste herrschte, besonderer Friede. Und da dieselbe Versammlung zugleich Kultversammlung und Gerichtsversammlung war, so folgt von selbst, daß auch der Dingfriede, der Gerichtsfriede, ein heiliger Friede ist. In der That sind die Dingstätten den Göttern geweiht, sind Dingstätten zugleich Opferstätten. Die Eröffnung des Dinges erfolgte durch die heilige Hegung, die Umzäunung mit heiligen Bändern, innerhalb deren der heilige Friede herrschte. Ursprünglich der Priester, später der Richter gebietet Schweigen und Frieden. Dann fragt der Richter den Priester, später den Umstand, ob des Dinges rechte Zeit und rechter Ort, und die Götter werden durch das Losorakel befragt. Das Ding aber stand unter dem besonderen Schutze des Gottes Tiu — bedeutungsvoll zugleich der Kriegsgott der Germanen, worauf wir noch zu sprechen kommen — der deshalb den Namen Things führte (davon niederländisch Dingstag statt Dienstag), und die Tage des echten, d. h. regelmäßigen Dinges waren die Opfertage für den Gott Tiu. So ist es nicht weit zu der Annahme, daß schließlich überhaupt der Volksfriede unter dem Schutze des Volksgottes steht; da aber, wie wir sahen, bei den Germanen Friede das Recht ist, so war die Ableitung des Rechtes von den Göttern gegeben. In der That berichtet auch v. Richthofen, daß nach einer friesischen Sage ein Gott den Rechtslehrern des Volkes das friesische Recht verkündet habe.

Welche tiefe Auffassung vom Recht der religiöse Sinn der Deutschen im Mittelalter unter dem Einflusse der christlichen Kirche schuf, wird alsbald zu erwähnen sein. Zunächst seien nur noch einige weitere Belege dafür beigebracht, wie Religion und Recht ineinander aufgingen. Stand der Friede unter dem Schutze der Götter, und war der Friede das Recht, das von ihnen ausging, so mußten sie auch kundthun, was Rechtens war. Das aber thaten sie im Gottesurteile. „Die Schuld weiß niemand als Gott, der scheide sie auch zu Recht.“ Die ältesten Gottesurteile bestehen in der Befragung der Elemente des Feuers und Wassers. Zu den ersteren gehört der Kesselfang, das Tragen glühenden Eisens. Der Angeschuldigte mußte in kochendes Wasser greifen oder ein glühendes Eisen tragen, und aus dem Grade der Verletzung und der Schnelligkeit der Heilung der Brandwunden wurde dann erkannt, ob ihm die Götter ihren Schutz hatten angedeihen lassen oder nicht, ob er also schuldig oder unschuldig war. Bei der Wasserprobe aber galt der für schuldig, der oben schwimmen blieb, denn dann verweigerte die Flut seine Aufnahme. Auch aus dem Losordal wurde der Wille der Götter erkannt, und noch im sächsischen bürgerlichen Gesetzbuch ist das Los unter Umständen entscheidend. Das vornehmste Gottesurteil aber ist begreiflicherweise bei den kampfesfrohen Germanen das Kampfordal. „Kampf ist der Gottesurteile eines.“ Daß es aber durchaus als Gottesurteil und nicht etwa als Sieg der nackten Gewalt aufgefaßt wurde, ergibt sich daraus, daß selbst Kampfesunfähige, wie Frauen, besondere Kämpfer stellen durften, die für sie den Kampf auszufechten hatten. „Gott hilft dem Stärksten“, „Wer Recht hat, behält den Sieg.“ Ja durch Gottesurteil wurden sogar Rechtsfragen entschieden! Als Otto I. der Reichsversammlung die zweifelhaft gewordene Frage vorlegte, ob die Enkel nach dem Tode ihres Vaters mit den Oheimen zur Erbschaft ihres Großvaters berufen seien oder nicht — man sieht hier in den Kampf der Hausherrschaft gegen die Sippschaft hinein — wurde beschlossen, diese Rechtsfrage durch einen Zweikampf gemieteter

Kämpfer entscheiden zu lassen. Denn „Wo man die Wahrheit mit Recht nicht finden kann, muß man sie enden mit Gottes Urteil". Es geschah, und die Enkel blieben Sieger. Seitdem erbten in Deutschland die Enkel neben den Oheimen in das Vermögen des Großvaters.

Vollständig religiöser Natur ist natürlich, wie heute noch bei den Deutschen — im Gegensatz z. B. zu den Franzosen — der Eid, das vornehmste Beweismittel der Germanen. Das Wort Eid, got. aiþs, hat die Bedeutung der Bindung und Gewährleistung durch zauberisches Reden, schwören (got. svaran = recitieren), der Verpfändung irgend eines Gegenstandes, der dabei berührt und durch das Reden bezaubert wurde, so daß er beim Meineid dem Schwörenden Schaden zufügte oder verloren ging. Der älteste Eid ist so der Waffeneid — nach dem Eindringen des Christentums infolge der Bekämpfung alles Heidnischen darum als minderwertig hingestellt — sodann der Vieheid. Aber auch seine Freiheit, seine Ehre, sich selbst oder nur Teile seines Leibes („Bei meinem Bart!") setzte man schwörend als Pfand ein. Und noch jetzt sind „Ehrenschulden" solche, die vor allen zu bezahlen sind, auch wenn sie, wie Spielschulden, rechtlich nicht einklagbar sind. Den stärksten Schwur aber bildete es, wenn man die Gottheit unmittelbar anrief und beschwor, so daß sie selbst beim Meineid den Tod brachte. „Gott richtet den Eid", „Der Eid allein ist Gottes Urteil." Darum aber auch „ist der Eid ein Ende alles Haders". Die Gottheit wurde beschworen, indem ein Opfertier oder ein vom Opferblute benetzter Opferring berührt wurde; dieser Eid konnte daher nur an der Opferstätte selbst geschworen werden. Mit dem Christentume wurde an dessen Stelle die Anrufung Gottes oder der Heiligen gesetzt und der Eid in der Kirche auf den Altar und mit Berührung der Reliquien („Stein und Bein schwören") oder des Kreuzes oder wenigstens des Griffes an der Kirchenthür (in Erinnerung an den heidnischen Opferring) geschworen. Von nun an wurde vornehmlich die Auffassung geltend, daß Gott Zeuge der Wahrheit sein solle. „Der Eid ist der Zeuge der Wahrheit." Nur bei einem so tief religiösen Volke wie dem deutschen, dem die Verletzung religiöser Verpflichtung und Lüge als das Schimpflichste galt, war es möglich, daß der Eid im Rechtsleben und namentlich im Prozeß eine solche hervorragende Rolle einnahm, daß insbesondere der Angeklagte das Recht hatte, sich von der Anklage durch seinen Eid zu reinigen, sei es durch seinen Eid allein oder zusammen mit seinen Sippegenossen als Eidhelfern, die nicht Zeugen waren, sondern lediglich ihr Vertrauen in das Wort ihres Genossen beschworen. Und ebenso war die hohe Bedeutung des Zweikampfes und anderer Arten Gottesurteile eben nur bei einem religiösen Volke möglich. Deshalb brach notwendig am Ausgang des Mittelalters auch der germanische Prozeß zusammen, als die Religiosität des Volkes im Niedergang war.

Nahe verwandt mit dem Eid war bei den Germanen die Anwendung von Runenstäbchen (in den lateinischen Quellen festucae genannt) beim Abschlusse von Verträgen, Zahlungsversprechen 2c. Es waren Stäbchen, auf die eine Verwünschungsformel für den Fall des Wortbruches in Runen eingeritzt war, und die in feierlicher Weise weggeworfen, den Göttern übergeben wurden. Sie wurden der Ursprung der späteren „Wedde" und des sogen. „Handgeldes" bei Vertragsabschlüssen, eine Sitte, die namentlich bei Gesindedienstverträgen sich noch erhalten hat. Auch der Handschlag zur Bekräftigung des Vertragsabschlusses geht hierauf zurück.

Diese Beispiele mögen genügen, um zu erkennen, daß bei den Deutschen alle Rechtshandlungen ursprünglich religiösen Gepräges, Kulthandlungen waren. In diesem ihren Ursprung liegt es aber, daß die Entwickelung die Zwischenstufen der symbolischen Handlungen und der in strenge Formen gebannten Handlungen durchmacht, ehe die Rechtshandlung zu ihrer Reinheit, Freiheit und Formlosigkeit durchdringen kann. Die unbewußte Erinnerung des Volkes an diesen religiösen Ursprung, verbunden mit dem religiösen Gefühl der Germanen, hat viel dazu beigetragen, daß sich das deutsche Recht bis zum Ausgang des Mittelalters aus einem starren Formalismus nicht herausgerungen hat, und daß die Überwindung erst mit Hilfe eines fremden, mit dem religiösen Gefühle des Volkes nicht verwachsenen Rechtes geschah: des römischen. Diese lange Jahrhunderte hindurch währende Gebundenheit an althergebrachte starre Formen und Formeln hat aber freilich auch zugleich dem deutschen Recht einen gewissen Zug des Pedantischen verliehen, den zu überwinden auch heute noch nicht immer ganz gelingen mag.

Das Christentum fand bei den von Natur religiösen Germanen einen fruchtbaren Boden, und die germanische Anschauung von der Verbindung und Wesenseinheit von Religion und Recht erhielt demgemäß durch das Christentum nur noch eine größere und innerlichere Vertiefung. Dem Wesen der christlichen Religion, die sich vornehmlich an den inneren Menschen wendet und sein Gefühl zu erregen bestrebt ist, entsprach wie bei keinem anderen Volke das Wesen des Germanen, bei dem das Gefühl vorherrscht. Und weil das Gefühl bei ihm vor allem bei der Entwickelung des Rechtes mitgewirkt hat, so war durch jenes auch der Einfluß des Christentums gesichert. Die ganze christlich germanische Weltanschauung des Mittelalters kommt daher wie in der Kunst und der Litteratur so vornehmlich auch im Recht zum deutlichen Ausdruck. Gott ist die Quelle alles Rechts, Gott ist selbst Recht, wie der Sachsenspiegel beginnt. „Gott ist selbst gerecht, drum ist ihm lieb das Recht.“ „Natürlich Recht heißt man Gottes Recht.“ Darum heißt's auch weiter: „Recht ist Wahrheit, Wahrheit ist Recht“, und „Recht ist ein gemeiner Name, aber Ehe ist ein Unterschied des Rechts“, d. h. es gibt etwas Höheres als die einzelnen gesetzlichen Vorschriften, nämlich das allumfassende, von Gott ausgehende Recht. Diese Auffassung durchdrang das ganze Recht des Mittelalters, am vornehmlichsten aber kommt sie im Staatsrecht und öffentlichen Rechte zur Geltung, denn hier begegnet sie sich mit den hierarchischen Ansprüchen der katholischen Kirche. Das Ideal jener Zeit war ja die Aufrichtung eines gemeinsamen Gottesreiches auf Erden, ein Ideal, dem übrigens schon Karl der Große, wenn auch wesentlich unter Betonung des Vorranges der weltlichen Herrschaft, nachstrebte. Jedenfalls aber waren weltliche und kirchliche Herrschaft nach der Ansicht des Mittelalters nur zwei Seiten des einen christlichen Weltreiches, und das Christentum wurde so zur Voraussetzung der Rechtsfähigkeit überhaupt. Der Ketzer und Heide war, wie ein Gesetz Friedrichs II. vom Jahre 1220 und ebenso der Sachsenspiegel erklären, zugleich rechtlos: „Heiden sollen nicht erben“, „Ist das Kind nicht getauft, so erbt es nicht.“ Und wer im Kirchenbann verharrte, unterlag notwendig auch der Reichsacht. Nur die Juden nahmen eine besondere Stellung ein. So wurde das Recht, wenn es sich auch allmählich von der Religion zu lösen begann, doch das ganze Mittelalter hindurch noch nicht als etwas Andersartiges, neben ihr Stehendes, sondern gleichsam nur als eine Unterart, aber noch innerhalb ihrer Sphäre Liegendes angesehen.

Der Einfluß des Christentums auf die Westgermanen ist später erfolgt als auf die Ostgermanen. Er datiert von der Zeit an, da Chlodowech in Reims zum Christentum übertrat, und zwar aus staatskluger Berechnung als erster aller Germanenfürsten zum Christentum des nicäischen, also römischen Bekenntnisses. Dadurch erschien er den zahlreichen in Gallien wohnenden Römern nicht nur als ihr rechtmäßiger Herrscher, sondern verpflichtete sich zugleich auch den römischen Bischof und gewann zur Befestigung seiner Herrschaft und zur Ausbreitung seiner Macht die Unterstützung des ganzen römischen Klerus, was alles nicht erfolgt wäre, wenn er, wie die Ostgermanen, das arianische Glaubensbekenntnis angenommen hätte. So reichten sich von da ab staatliche und geistliche Macht die Hände und unterstützten sich gegenseitig. Eine Steigerung aber erhielt der theokratische Charakter des fränkischen Königtums dadurch, daß Karl der Große den Kaisertitel annahm und hiermit nach jüdischem Ritus die Salbung durch den Papst verbunden war. Denn wenn auch noch nicht unter Karl selbst, so wurde diese Salbung doch unter seinen Nachfolgern als wesentlich zur Erlangung der Kaiserwürde angesehen. Nunmehr wurde es als die ideale Aufgabe des Kaisertums betrachtet, den katholischen römischen Glauben überall zu schützen und für seine Ausbreitung zu sorgen, entgegenstehende Sitten und Gebräuche aber zu unterdrücken. Denn es gibt nur „einen Gott und ein Gebot". Hiermit aber war nicht nur kraft seines inneren Wesens, sondern auch kraft der staatlichen Gewalt dem Christentum und der römischen Kirche der Einfluß auf die Entwickelung des Rechtes gesichert. Es ist derselbe Weg, auf dem späterhin auch das römische weltliche Recht als „Kaiserliches Recht" in Deutschland seinen Einzug hielt.

Im einzelnen dem Einflusse des Christentums nachzugehen, ist hier unmöglich: er erstreckt sich über das ganze Recht, eben weil dieses noch innerhalb der Sphäre der Religion lag. Er ist ein äußerlicher ebenso wie ein innerlicher. Nur einiges mag hervorgehoben werden.

Zuerst zeigt sich der Einfluß auf die peinlichen Strafen, denn die Kirche verabscheute damals noch jedes Blutvergießen — idealer als in späteren Zeiten, man denke nur an die Hexenverfolgungen. Ein besonderer Grund hierfür freilich lag noch darin, daß der Todesstrafe, wie sie die Germanen vollzogen, immer noch der Gedanke des Opfers, also etwas Heidnisches innewohnte, das Vorgehen der Kirche gegen die Todesstrafe daher zugleich ein Kampf gegen das Heidentum war. Das Hauptmittel, mit dem sie in den Strafvollzug eingriff, war ihr ausgedehntes Asylrecht, das sie unter Aufgreifung des germanischen Sonderfriedens für Orte, die der Gottheit geweiht waren, ausbildete. Ferner tritt eine Verquickung kirchlicher Interessen und weltlicher Rechtspflege dadurch ein, daß der fränkische König rein kirchliche Übertretungen, wie z. B. Verschmähung der Taufe, Leichenverbrennung, Übertretung des Fastengebotes seinerseits mit dem Tode ahndete, daß anderseits auch die Kirche ihre Machtmittel, wie Exkommunikation, gegen weltliche Vergehungen zur Verfügung stellte. So wurde z. B. unter Karl II. Münzfälschung mit Kirchenbuße belegt.

Auch das Privatrecht steht, da es vom öffentlichen Recht im Mittelalter überhaupt noch nicht wesentlich geschieden war, unter dem Einflusse religiöser Auffassung. Seinen hauptsächlichsten Ausdruck findet dies im Lehnrecht. Gott ist der oberste Lehnsherr, „Der König ist Gottes Dienstmann", gewisse Güter werden unmittelbar von Gott als Lehen empfangen, sie sind „Sonnenlehen". Und in Nachbildung der geistlichen ordines werden sämtliche im Lehnsverbande befindlichen Personen vom Könige abwärts in sieben Rangordnungen, die sieben Heerschilde, eingeteilt.

Aber von wesentlichster Bedeutung war die innere Umwandlung, die das Christentum brachte, und die vornehmlich in der Bethätigung eines geläuterten sittlichen Gefühles zur Erscheinung kam. So wurden ganz neue Verbrechensbegriffe gebildet, z. B. der Verwandtenmord, Kindesabtreibung und Kindesaussetzung. Auf biblische Vorschriften gestützt, forderte die Kirche auch besonderen Schutz für Fremde, Pilger und Wallfahrer vom König. Im Strafrecht ging, neben ihrer Bekämpfung der Todesstrafe schlechthin, ihre Bestrebung hauptsächlich auf Berücksichtigung des Willens und der Schuld sowie auf Geltendmachung einer milderen Auffassung. Durch ausgedehnte Anerkennung des Bußsystemes führte sie außerdem den Strafzweck der Besserung des Schuldigen ein. Dies sprechen schon alte Volksgesetze deutlich aus, z. B. die lex Baiuvariorum: „Keine Schuld ist so schwer, daß das Leben nicht aus Furcht vor Gott und Verehrung der Heiligen dem Schuldigen geschenkt werden könnte; weil der Herr spricht: wer vergeben hat, dem wird vergeben werden, wer nicht vergeben hat, dem wird nicht vergeben werden." Aber auch das harte Talionsprinzip, das ursprünglich dem deutschen Strafrechte fremd war — es kannte nur die „spiegelnden Strafen", von denen wir noch sprechen werden — ist durch die Kirche eingeführt worden. Es ist jüdischen Ursprunges; „Auge um Auge, Zahn um Zahn".

Ebenso übte die Kirche einen großen Einfluß auf das Eherecht aus, wenn sie auch viel später erst hierfür geradezu kirchliche Gerichtsbarkeit in Anspruch nahm und an das Erfordernis einer kirchlichen Eheschließung zunächst noch nicht dachte. Insbesondere ging sie gegen die Verwandtenehen vor, die bei den Deutschen, wie wir sahen, beliebt waren, und führte das Ehehindernis der Schwägerschaft ein. Durch die Beseitigung dieser Verwandtenehen, die von der Kirche verboten wurden, um sich für ihre Nachsichtserteilungen bezahlen zu lassen, hat sie aber mit unbeabsichtigt die Erhaltung eines kräftigen Volksstammes gefördert.

Auch in rein wirtschaftliche Verhältnisse greift sie ein, z. B. durch das Verbot des Zinsnehmens, das sie nur den Juden gestattet. Freilich ist die Durchführung dieses Verbotes immer mangelhaft geblieben.

Doch auch verderblich hat der alles beherrschende Einfluß der Religion auf das Recht eingewirkt, insofern Verirrungen der Volksseele dort notwendig Verirrungen hier nach sich zogen. Hierher gehören vor allem die traurigsten Erscheinungen des 15. bis 17. Jahrhunderts, die Hexenprozesse. Wenn diese aber ehemals oft als eine germanische Eigentümlichkeit bezeichnet worden sind, so ist dies nicht richtig. Früher als in Deutschland begegnen wir ihnen in Frankreich und in rein romanischen Ländern, wie Italien und Spanien. Aber freilich treten sie in Deutschland in größerem Umfange auf, was eben darauf beruht, daß bei den Deutschen wegen ihres tiefen religiösen Gefühles der Einfluß von Religion und Kirche am größten war, daher auch die Verirrungen in dieser Hinsicht am stärksten wirkten. Und hierzu trat dann allerdings noch verstärkend die altgermanische Auffassung von geheimnisvollen Kräften, die dem weiblichen Geschlechte innewohnen. So erklärt es sich, daß weitaus die meisten Verfolgungen gegen Frauen, nicht gegen Männer, stattfanden. Die Grundlage der Hexenverfolgungen aber bildete der Teufelsglaube.

In heidnischer Zeit war die Zauberei als solche nichts Strafbares, sondern nur die schädigende Zauberei, wie z. B. Vergiftung. Unter solche schädliche Zauberei gehörte auch das Wettermachen, das Schädigen des Viehes und des Feldes durch Zaubersprüche, und hiervon haben derartige Zauberinnen oder kluge Frauen (hagr = klug) geradezu ihren Namen „Hexe" erhalten (althochd. hagazussa, angels. haegtesse = die das Feld Schädigende). Mit Einführung des Christentums wurde aber jedes Zaubern als heidnisch verpönt und von amtswegen verfolgt. Neue Nahrung erhielt dann der Hexenglaube durch den im 13. Jahrhundert zu hoher Blüte gelangenden Teufelsglauben und den Glauben, daß die Hexen Verbündete des Teufels seien und mit dessen Hilfe ihr Zauberwesen trieben. Diese durch die Kirche verbreitete Anschauung war aber wieder ihrerseits beeinflußt durch die jüdisch-rabbinische Auslegung des 1. Buches Mosis, Kap. 6, Vers 1—4. Als dann im 15. Jahrhundert die Ketzerverfolgungen mehr und mehr aufkamen, ergab sich ganz von selbst auch die Verfolgung der Hexen, da ja deren Bund mit dem Teufel eng mit der Ketzerei zusammenhing. In der Bulle Summis desiderantes vom 5. Dezember 1484 befiehlt daher Innocenz VIII. den bestellten Ketzerrichtern für Deutschland, den Professoren der Theologie Heinrich Krämer und Jakob Sprenger, auch die Hexen zu verfolgen.

Von nun an suchte man in unseliger religiöser Verirrung die Hexen. Daß man sie aber fand, hängt mit einer damals unglücklicherweise zugleich eintretenden Veränderung des Strafprozeßverfahrens zusammen. Niemals wäre es zu dieser erschreckend großen Anzahl von Verurteilungen gekommen, wenn noch das alte germanische Strafverfahren und namentlich das alte deutsche Beweisverfahren mit Reinigungseid und Zweikampf gegolten hätte. Mit dem Verfall des Rechtes im allgemeinen am Ausgang des Mittelalters war aber auch dieses in Verfall geraten, der Anklageprozeß war der Verfolgung von amtswegen gewichen, und nach dem Vorgange der geistlichen und italienischen Gerichte hatte die Folter zur Erzwingung des Geständnisses ihren Einzug gehalten.

Die Einführung der Folter in den deutschen Strafprozeß ist eine schwere Schädigung für das gesamte Rechtsleben gewesen und hat das Mißtrauen des Volkes in die Rechtspflege gepflanzt. Und doch war es auch hier im letzten Ende wieder der religiöse Glaube und Aberglaube, der das Aufkommen der Tortur begünstigte, gleichsam eine Erinnerung an die früheren Gottesurteile des alten germanischen und deutschen Prozesses. Denn unverkennbar herrschte der Glaube, daß Gott oder der Teufel — je nachdem man nun wollte — die Kraft lieh, die Tortur auszuhalten. Man sah also auch hier ein Eingreifen überirdischer Mächte in den Prozeß. „Hexen weinen nicht." Im übrigen spricht es für das Undeutsche der Folter, daß, wenigstens soviel wir wissen, sich kein deutsches Rechtssprichwort auf sie bezieht. Im 16. und 17. Jahrhundert wütete die Hexenverfolgung am ärgsten. Carpzov stand noch vollständig im Banne des Hexenglaubens, und erst der Jesuitenpater Friedrich von Spee in Würzburg trat in der ersten Hälfte des 17. Jahrhunderts, aber noch ohne sich zu nennen, dagegen auf. Ebenso später Thomasius. Als letzte Hexe wurde die Bauerndirne Maria Schwägelin am 11. April 1775 im Stifte Kempten hingerichtet.

3. Das Kriegerische im Recht.

Die fortwährenden Kämpfe, unter denen, wie wir sahen, die Jugendzeit der Germanen hinging, und zu denen sie genötigt waren, um ihr Land zu erobern und zu behaupten, erzogen sie zu einem kriegerischen Geschlechte. Ein friedliches Hirtenleben war ihnen nicht beschieden. Wie in der Religion, so kam deshalb auch in Verfassung und Recht dieser kriegerische Geist des Volkes zur Erscheinung.

Die Germanen, denen der Krieg nationaler Gottesdienst war, die im Siege die Entscheidung der Götter erblickten, denen allein der Tod in der Schlacht als ruhmvoll im Gegensatze zum „Strohtode" galt, deren Götter vornehmlich Kriegsgötter waren, mußten, da Religion und Recht ja ursprünglich eins waren, auf das Recht ihren kriegerischen Charakter einwirken lassen. Liegt ja schon in der Bezeichnung des Rechtes als „Friede" ein Hinweis auf die Gegensätzlichkeit des Kampfes, der Fehde, d. h. des feindlichen, unfriedfertigen Zustandes, der eben durch den Friedensbruch, das „Verbrechen", wieder hervorgerufen wird. Und so ist, wie heute noch im Völkerrechte der Krieg das letzte Mittel zur Geltendmachung der Rechte und zur Herstellung des Friedens ist, auch für den Einzelnen oder die Sippegenossen der Zweikampf oder die Fehde das Mittel zur Wahrung und Geltendmachung ihrer Rechte: der Prozeß, das Rechtsbewährungsverfahren wird zum Rechtsstreit. „Unser Recht verbitten wir uns mit dem Schwerte." „Die Holsten verteidigen ihr Recht mit dem Schwerte." Ja jeder Urteilsvorschlag kann vom Umstand gescholten werden ebenso wie von der Partei, und es kommt dann zum Zweikampf zwischen demjenigen, der den Urteilsvorschlag gemacht hat, und dem, der ihn gescholten hat.

Schon äußerlich kommt die Verbindung von Kampf und Recht dadurch zum Ausdruck, daß dieselbe Versammlung, die zugleich Kult- und Gerichtsversammlung war, auch die Heeresversammlung bildete. Auch der Kriegsgott Ziu oder Tiu war zugleich mit dem Beinamen Things der Beschützer des Rechtes und Gerichtes, und die Heerführer waren im Frieden die Richter. War aber Heeresversammlung und Gerichtsversammlung eins, so war notwendig auch Recht und Pflicht zum Erscheinen in jener gleichbedeutend mit der zum Erscheinen in dieser. Gerichtsfähig, d. h. fähig, sein Recht vor Gericht zu verfolgen, war deshalb allein der Wehrfähige, Waffenfähige, denn eben dieser durfte nur die Heeresversammlung besuchen: also nicht die Frau, nicht der Knecht, nicht der Krüppel, nicht das Kind. Erst die Wehrhaftigkeit macht „selbstmündig", und noch lange Zeit hat sich bei den Deutschen die Geschlechtsvormundschaft über die Frauen erhalten. Die Waffenfähigkeit war namentlich für den König und die Lehnsfähigkeit Erfordernis. „Der miselsüchtige (d. h. maiselsüchtige = aussätzige) Mann empfängt weder Lehen noch Erbe", und selbst der König wurde abgesetzt, wenn ihn diese Krankheit befiel. Der Volksmund hatte für diese Krankheit den Ausdruck „vom Mäuslein gebissen"; daher „Daß dich das Mäuslein beißt!" Aus dem gleichen Grunde sind Mönche, da sie waffenunfähig sind, erbunfähig. Weil aber bei den Germanen jeder Freie wehrpflichtig war, so bestand notwendig mit der allgemeinen Wehrpflicht auch für jeden Freien die allgemeine Dingpflicht, die Pflicht, in der Gerichtsversammlung zu erscheinen.

Auch einzelne Rechtseinrichtungen gehen auf ursprünglich kriegerische Gebilde zurück oder haben sonst durch die kriegerische und kampfesfrohe Natur des Deutschen ihre Eigenart empfangen. In erster Linie ist hier das altgermanische Gefolgschaftswesen zu erwähnen, das ursprünglich eine rein kriegerische Einrichtung war. Wie sich aus diesem später das Lehnswesen entwickelte, ist bereits dargestellt worden, ebenso, daß hierbei die kriegerische Beschäftigung und der Reiterdienst von hervorragendem Einfluß waren.

Ferner gehört hierher ein Verhältnis, das in seiner weiteren Entwickelung sowohl nach der öffentlich-rechtlichen als nach der privatrechtlichen Seite von großer Bedeutung für das deutsche Rechtsleben geworden ist: die Munt. Die ganze Entwickelung des deutschen Rechtes stellt sich fast als Entwickelung der Sippe und der Munt in gegenseitiger Bekämpfung der beiden dem Deutschen innewohnenden Charakterzüge dar: die genossenschaftlichen Neigungen und die herrische, kriegerische Natur kämpfen darin um die Vorherrschaft, und erst die gleichmäßige Berücksichtigung beider bringt einen befriedigenden Rechtszustand. Munt aber ist ihrer Bedeutung und ihrem Ursprung nach Herrschaft, Gewalt (manus = Hand) über Lebendiges und Lebloses kraft Kriegsrechtes, die unbeschränkte Gewalt des Siegers über den Besiegten, des Herrn über die Beute. Noch spät wird diese Munt, Hand, daher geradezu die „bewehrte Hand" (manus vestita) genannt, und als Gewere, Investitur (eben von manus vestita) hat sich die Gewalt dann als besondere über Sachen abgezweigt, während die Gewalt über Personen den ursprünglich gemeinsamen Namen der Munt beibehielt und noch jetzt in unserer Vormundschaft fortlebt.

Die Munt aber wurde zur Begründerin der Hausherrschaft und damit einer Einrichtung, die bald dem Sippeverband als selbständiger Herrschaftsverband gegenübertrat und mächtigen Einfluß auf das Rechtsleben gewann. So stellt sich z. B. die Entwickelung des Erbrechtes als Kampf der Hausherrschaft gegen die Sippe dar, der schließlich zu gunsten der Hausherrschaft, d. h. der unmittelbaren Familienangehörigen, endete. Ein Abschnitt dieses Kampfes ist uns bereits entgegengetreten bei der Entscheidung der Frage, ob die Enkel neben ihren Oheimen in das

Vermögen des Großvaters erben sollen. Zur Begründung einer Hausherrschaft kam es aber dadurch, daß einmal infolge der zahlreichen Kriege und Kämpfe die Besiegten in die Kriegsgefangenschaft des Siegers gelangten und dadurch zu seinen Knechten wurden. Die Kriegsgefangenschaft war die erste Unterwerfung unter die Munt, und sie schaffte auch den ersten Unterschied der Stände. Denn ursprünglich gab es bei den Germanen nur Freie und Unfreie, d. h. Kriegsgefangene oder deren Abkömmlinge. Aus der Kriegsgefangenschaft erklärt sich aber auch das unbeschränkte Eigentumsrecht des Herrn über Leben und Tod. Denn als Sieger hatte er das Leben des Besiegten in seiner Hand, es war ihm verfallen, und er konnte es jederzeit von ihm fordern. Vom Knechte gilt deshalb „Er ist mein Eigen, ich mag ihn sieden oder braten". Daß auch Sachen als Kriegsbeute in gleicher Weise der ausschließlichen Herrschaftsgewalt unterlagen, sofern sie nicht gemeinschaftliche Kriegsbeute etwa der Sippe waren, ist selbstverständlich. Kriegsbeute und Jagdbeute, die gleichbedeutend sind, bilden daher auch den Ursprung des Eigentumsrechtes.

Ferner führt auch die Ehe, das zweite Mittel zur Begründung einer Hausherrschaft, auf die kriegerische Erbeutung der Frau zurück, deren rechtliche oder vielmehr rechtlose Stellung auch bei den alten Germanen nur hieraus zu erklären ist. Denn die Frau wurde durchaus als Kriegsbeute behandelt, gleich dem Knechte. Der Mann konnte über sie verfügen wie über eine Sache, sie verschenken und verkaufen; wie das Kriegsroß wurde sie als wertvollste Habe mit dem toten Manne verbrannt. Diese kriegerische Erbeutung der Frau zu Eigen- und Sonderbesitz war aber der einzige Weg, auf dem die ursprünglich auch bei den Germanen bestehende Weibergemeinschaft überwunden werden konnte. Wer ein Weib ausschließlich für sich besitzen wollte, mußte es eben außerhalb der Rechtsgenossenschaft erbeuten und rauben, und so steht am Anfang alles Eherechtes wie bei anderen Völkern niederer Kulturstufe auch bei den Germanen die Raubehe. Noch im Namen der Braut hat sich die Erinnerung an diesen Ursprung erhalten, denn wie J. Grimm nachgewiesen hat, bedeutet Braut die „Fortgeführte" und geht auf sanskr. praudhâ (von pravah = rauben) zurück. Und lange Zeit, noch im Mittelalter, war bei den Deutschen das Symbol für die eheherrliche Gewalt das Eheschwert.

Der Brautlauf aber mit seinen verschiedenen Entführungsformen lebt noch jetzt bei vielen deutschen Volksstämmen als Hochzeitsbrauch fort. Die Hochzeitsfeier und der Hochzeitsschmaus haben auch hier wie oft bei den Deutschen den Ursprung in der Friedensfeier bei der Darbringung der Sühnopfer nach Beilegung der Fehde zwischen den Sippegenossen des Frauenräubers und den Sippegenossen der durch den Raub verletzten Sippe. So wurde die Entführungsbuße, aus der sich später das Kaufgeld entwickelte, gleich der Totschlagsbuße auch der verletzten Sippe gezahlt. Es war also, als die Raubehe verschwand, der aus ihr sich entwickelnde Brautkauf seinem Wesen nach eigentlich kein Kauf, sondern gleichsam nur eine vereinbarte Entführung mit vereinbartem Sühnegeld. Das beweist gerade die Fortdauer der an die Raubehe erinnernden Hochzeitsgebräuche. Der Abschluß dieses Vertrages über das Sühnegeld und die Heimführung aber wurde zur Verlobung. Die Eheschließung selbst erfolgte erst mit der Heimführung und der Vereinigung von Mann und Weib. Damit erst trat die Frau in die Gewalt, die Munt des Mannes. Diese aber war ursprünglich auch hier noch die gleiche wie bei der Raubehe: der Ehemann konnte die Frau züchtigen, töten, verkaufen. Er hatte die volle Munt von ihren bisherigen Gewalthabern erworben. Die Sitte, das Strumpfband zu lösen, die heute noch vielfach als Hochzeitsbrauch herrscht, erinnert noch an die Lösung aus der Munt des früheren Gewalthabers. Die Eheschließung als Frauenkauf hat sich lange genug bei den Deutschen erhalten. Im 15. Jahrhundert galt er noch bei den Dithmarschen.

Stand aber die Frau in der Munt des Mannes, so fielen notwendig auch deren Kinder in seine Gewalt, die ursprünglich gleich der durch Krieg und Sieg erworbenen völlig unbeschränkt war. Der Vater konnte sie aussetzen, verkaufen und töten wie die Ehefrau.

Von besonderem Einfluß war endlich der kriegerische Geist und die Waffenfreudigkeit des deutschen Volkes in Bezug auf die Wertschätzung der Stände und die Ausbildung der Standesehre. Ein Volk, von dem Tacitus erzählt, daß seine Angehörigen keine Sache, weder öffentliche noch private, anders verhandeln als in Wehr und Waffen, das im geordneten Rechtsstreite sein Recht mit der Waffe in der Hand im Zweikampf verficht, dem Wehrhaftigkeit die Voraussetzung für die Gerichtsfähigkeit überhaupt ist, und das nur im Schlachtentod einen ehrenvollen Tod erblickt, dem muß notwendig Ehre und Wehrhaftigkeit gleichbedeutend sein, dem ist „ehr- und wehrlos" ein Begriff, wie denn in der That diese Wortzusammenstellung auch oft genug wiederkehrt. So war bürgerliche Ehre eben die Waffenehre, und wer keine Waffen trug oder tragen durfte, war standeslos, ehrlos in diesem Sinne. Das waren also selbstverständlich zunächst die Unfreien, die Knechte. Aber auch später, als sich verschiedene Stände ausbildeten, war dieser Gesichtspunkt für die Wertschätzung der Stände und ihre Ehre maßgebend geblieben. Vor allem geht die im Mittelalter herrschende Auffassung von der „Unehrlichkeit" der Hirten und Schäfer auf deren unkriegerische Beschäftigung zurück. Das Gleiche gilt von den Spielleuten aller Art, bei denen dann noch ihre Unseßhaftigkeit hinzukam. Wer wollte leugnen, daß diese Auffassung von der Ehre und Wertschätzung der Wehrhaftigkeit dem Deutschen noch jetzt im Blute liegt? Endlich hängt auch die Ansicht, daß die Enthauptung mit dem Schwerte als ehrliche Todesstrafe im Gegensatz zum unehrlichen Henken am Galgen angesehen wurde, mit der kriegerischen Natur, die im Enthaupten einen dem Schlachtentod ähnlichen Tod erblickte, zusammen.

Aber etwas, das gern als urgermanisch in Anspruch genommen und mit dem alten gerichtlichen Zweikampf in Verbindung gebracht wird, das Duell, hat mit dieser kriegerischen Neigung des Deutschen nichts zu thun und ist so wenig wie sein Name eine germanische Einrichtung. Es ist vielmehr zuerst während der Jahre 1473—80 in Spanien aufgetaucht, dann Anfang des 16. Jahrhunderts bei den Italienern und namentlich an dem verlotterten Hofe des französischen Königs Heinrich III. heimisch geworden, in Gemeinschaft mit dem Meuchelmord, und erst von der französischen Soldateska seit dem Dreißigjährigen Kriege nach Deutschland eingeführt worden. Zur Zeit des altgermanischen Prozesses bestand auch bei den höchsten Ständen nicht die geringste Abneigung gegen gerichtliche Verfolgung wegen Ehrverletzungen, wie zahlreiche Urkunden beweisen. Den ausländischen Ursprung unseres jetzt wohl als international anzusehenden Duells beweist außerdem noch der Umstand, daß der ganze Duellkodex, die ganzen Formen und Gebräuche französisch sind, und daß es nicht eine Sitte des gewöhnlichen Volkes, sondern nur eine Sitte gewisser vornehmer Kreise ist. Und eben weil es nicht dem deutschen Volkstume gemäß ist, gilt bei den Deutschen im Gegensatz zu den Franzosen schon das bloße Duellieren ohne Zufügung irgend einer Verletzung für strafbar. Dagegen ist die studentische Mensur, eine Bethätigung der Freude am Waffenspiel, deutsch.

4. Das Sittliche im Recht.

Bei der Durchdringung von Religion und Recht und bei der dem Deutschen eigentümlichen tiefen Auffassung vom Recht als einer in Gott gegründeten Einrichtung ergibt sich notwendig auch ein den Deutschen eigentümliches Verhältnis der Rechtsordnung zum Sittengesetz. Wie sich das Recht von allem Anfang an nur als Unterart der Religion herausbildete, so ist sein Gebiet für den Deutschen auch begrifflich nur ein besonderer Ausschnitt aus dem vom Sittengesetz beherrschten Gebiet, und oft wird es auch als solcher nicht einmal erkannt. Rechtsvorschriften und Sittenvorschriften erscheinen bei den Deutschen kaum geschieden. In dieser Auffassung aber steht das deutsche Recht in vollem Gegensatze zum römischen Recht, wogegen es nahe verwandt mit dem griechischen ist, dem ein Unterschied zwischen Rechts- und Sittengesetz überhaupt fremd war. Das Recht ist dem Deutschen, wie dem Griechen, ein Erzeugnis des Sittengesetzes. Die Rechtsnorm besteht schon vorher als Norm des Sittengesetzes, und nur die Bewährung dieser sittlichen Norm durch äußeren Zwang bezweckt die Rechtsvorschrift. Den Römern dagegen liegt das Sittengesetz ganz außerhalb der Sphäre des Rechtes. Selbstverständlich nicht, als ob beide Gebiete sich bei ihnen feindlich gegenüber ständen — das wird bei keinem gesunden und kräftigen Volke geschehen dürfen — aber für die Römer hat das Recht an sich zunächst nichts mit der Sittlichkeit und der Bewährung der Normen des Sittengesetzes zu thun. Das bleibt dem Zensor vorbehalten! Für den nüchternen und praktischen, auf das rein Thatsächliche gerichteten Römer liegt der Ursprung des Rechtes allein im Willen des Volkes als einer Wirtschafts- und Schutzgemeinde zur Wahrung der persönlichen Freiheit des Einzelnen. Seine Vorschriften dienten in erster Linie dazu, die Machtbefugnisse des Einzelnen in der Bethätigung dieser wirklichen Welt und der Verfolgung seiner eigensüchtigen Interessen abzugrenzen. Die Macht, die Befugnis ist das Wesen des römischen Rechtes, das daher ius heißt (iubere = befehlen); die durch das Sittengesetz vorgeschriebene Richtung des Handelns ist das Wesen des deutschen Rechtes. Jenes blickt auf den Einzelnen, dieses auf das Ganze. Und hiermit hängt auch zusammen, daß, wie bereits früher ausgeführt wurde, das deutsche Recht sozial, das römische egoistisch und individualistisch ist.

Diese Grundauffassung vom Rechte entspricht aber zugleich einem tiefen sittlichen Zuge im Charakter des deutschen Volkes; daher hat auch wie in keinem anderen Rechte im Einzelnen die sittliche Anschauung des Volkes auf die Gestaltung des deutschen Rechtes eingewirkt. „Einfältig ist eine Freundin des Rechts." „Das ist Recht, was recht ist." „Wahrheit geht vor allem Rechte." „Recht muß ehrlich sein." „Billigkeit muß das Recht meistern." „Recht ist Steuer und Grundfeste alles Guten."

Diese Einwirkung von rein sittlichen Beweggründen zeigt sich in der mannigfaltigsten Weise. Im Strafrechte tritt diese vornehmlich sittliche Bewertung deutlich zu Tage in dem Gegensatze von ehrlichen und unehrlichen Sachen. Dieser aber geht zurück auf den Unterschied von heimlichem und offenem Thun. Nichts erschien dem offenen und geraden, derben Sinn der Germanen mehr zuwider als Heimlichkeit. Heimliches Thun war ihm als Neidingswerk verhaßt, Heimlichkeit war ihm sittlich viel verwerflicher als die seiner kriegerischen und kampfesfrohen Natur entsprechende offene That. Hierauf beruhte demgemäß bei den Germanen der Unterschied von Mord und Totschlag. Anders als heute unter römisch rechtlichem Gesichtspunkt war ihnen Mord jede Tötung, die entweder heimlich geschah oder doch später verheimlicht wurde, etwa durch Verbergen des Leichnams — die nordischen Quellen nennen dies „einen toten Mann morden" — während beim Totschlage (manslahta) die Merkmale der Heimlichkeit fehlten. In gleicher Weise wird auch die heimliche Brandstiftung als Mordbrand, als Nachtbrand dem gewaltsamen offenen Waldbrand, (herebrand) noch im Sachsenspiegel gegenübergestellt. Derselbe Unterschied findet sich bei Diebstahl und Raub.

Die schimpflichste und eines freien Mannes unwürdigste That war der Diebstahl, dessen Bezeichnung schon auf die Heimlichkeit hinweist (got. thiubjô = heimlich). Überall, wo die

Heimlichkeit der Aneignung fehlt, liegt kein Diebstahl vor. Wer daher mit der laut klingenden Axt in fremdem Wald einen Baum fällt, ist kein Dieb, denn „die Axt ist ein Melder, kein Dieb". Wer aber „einen Baum umgürtet, so daß er keinen Laut von sich geben kann", oder mit der Säge absägt, ist Dieb. Der Raub dagegen war ursprünglich jede offene Wegnahme fremder Sache, Drohung und Gewalt gehörten nicht zu seinem Begriff, darum erschien Raub den Germanen als das mildere Verbrechen. „Stehlen ist viel gemeiner und größer denn Rauben." Raub ist die Beute, die Kriegsbeute; althochd. roub (angels. réaf) bedeutet das offene Wegnehmen und ebenso die Rüstung, das Kleid (die Robe). Bei dieser Mißachtung der Heimlichkeit wird dann begreiflicherweise die nächtliche Begehung von Verbrechen überhaupt zu ehrloser und schwerer zu büßender That. Deshalb heißt es: „Die Nacht hat bessern Frieden" und „Des Nachts ist es Diebstahl, des Tags ist es Raub." So galt bei den Sachsen der Diebstahl eines Ochsen auch nur im Werte von zwei Schillingen, wenn er zur Nachtzeit verübt ward, schon als todeswürdiges Verbrechen. Und: „Wer des Nachts Korn stiehlt, verschuldet den Galgen." Auch heute noch ist in unserem Strafgesetzbuche der zur Nachtzeit begangene Diebstahl mit härterer Strafe belegt.

Der durch das heimliche und offene Thun bewirkte Unterschied zwischen „ehrlichen" und „unehrlichen" Verbrechen war von Bedeutung namentlich bei der Zubilligung und Verhängung der Strafen. Galgen, Strick und Pranger waren unehrliche, Enthauptung war eine ehrliche Strafe; es war deshalb eine Begnadigung, wenn jemand statt mit Galgen mit Enthauptung bestraft wurde. Auch für die Inanspruchnahme des Asylrechtes war der Unterschied wesentlich, denn nur bei „ehrlichen Sachen" durfte dem Verbrecher der Schutz des Asyls gewährt werden. In diesem Asylrechte der Kirche und Klöster selber liegt aber schon wieder ein tiefes sittliches Gefühl begründet, ein mit der rauhen Zeit seltsam in Widerspruch stehendes Gefühl der Barmherzigkeit und Milde mit dem Verbrecher. Dasselbe Gefühl kommt auch in der Sitte zum Ausdruck, dem Verbrecher, der sich selbst vor Gericht gestellt hat und überführt worden ist, Zeit zur Flucht zu gönnen. Denn er sollte nicht schlechter gestellt sein als derjenige, der sich nicht vor Gericht gestellt hat. Deshalb wurde in solchen Fällen die Urteilsvollstreckung hinausgeschoben. Floh freilich der Verbrecher, so traten dieselben Folgen ein, als wenn er nicht vor Gericht erschienen wäre: er wurde friedlos und konnte von jedermann getötet werden.

Auf eine bestimmte sittliche Auffassung vom Strafzweck und dem Streben, durch Kenntlichmachung des Grundes der Strafe eine Warnung zu erteilen, beruhen gewisse Strafarten, die zutreffend als „spiegelnde Strafen" bezeichnet worden sind und keineswegs mit der Talion verwechselt werden dürfen. So wird dem Meineidigen die Schwurhand abgeschlagen, dem Verleumder die Zunge ausgerissen, dem Falschmünzer ein glühendes Geldstück auf die Stirne eingebrannt.

Auch die Anerkennung des Notrechtes beruht auf der sittlichen Forderung, daß man dem in Not befindlichen beistehen müsse und sich nicht auf das formale Recht berufen dürfe. „Not kennt kein Gebot." „In der Not sind alle Güter gemein." „Not sucht Brot wo sich's findet." Aber selbst darüber hinaus kennt das deutsche Recht eine gewisse selbstverständliche und, wie Osenbrüggen sagt, stillschweigende Gastfreundschaft gegen Wanderer und Bedürftige, so daß die Entwendung von Nahrungsmitteln in geringem Umfange in solchen Fällen erlaubt war, nicht als Diebstahl galt. „Erliegt dem wegfertigen Manne sein Pferd", bestimmt der Sachsenspiegel, „so mag er wohl Korn abschneiden und es ihm geben, soweit als er es, mit einem Fuß im Wege stehend, erreichen mag. Er soll aber nichts davon führen." Und das Sprichwort sagt: „Einem wegfertigen Mann kann man kein Gras verweigern", ferner: „Es ist niemandem eine Traube verwehrt", ja sogar „drei sind frei". Aus derselben Auffassung heraus wird auch heute noch der sogenannte Mundraub nicht als Diebstahl, sondern milder als Übertretung bestraft.

Besondere Berücksichtigung und Nachsicht genießt die Schwangere im alten deutschen Recht. Nach österreichischen Weistümern soll der Hüter eines Weinberges sie ein bis drei Trauben nehmen lassen, wenn sie vorübergeht, auch darf sie ein bis drei Fische fangen, selbst da, wo sonst das Fischen verboten ist. Und ebenso erfährt die Kindbetterin freundliche Rücksichtnahme. Denn wenn vom Herrn bei seinem Hörigen das Zinshuhn abgefordert wird, während eine Kindbetterin im Hause ist, soll dem Huhn der Kopf abgerissen und für die Herrschaft mitgenommen werden, das Huhn im übrigen aber soll für die Kindbetterin zurückbleiben. Derartige Vorschriften, die dem Herrn gewisse menschenfreundliche Hilfeleistungen seinem Knechte gegenüber gebieten, finden sich zahlreich in alten Hofrechten, und es darf nicht verkannt werden, daß dies wesentlich zum Ausgleich der sozialen Gegensätze mit beigetragen hat. Überhaupt finden wir oft reine Vorschriften des Sittengesetzes und der Sitte zu wirklichen Rechtsvorschriften erhoben. So bestimmt z. B. die Berner Handfeste, daß der verheiratete Sohn seiner alten verwitweten Mutter am Herde und am Tische den besten Platz lassen solle.

Über die geschlechtlichen Beziehungen denkt das deutsche Recht außerordentlich streng. Die geschlechtliche Entehrung wird als Missethat bestraft. „Wer eine Jungfrau schändet, stirbt keines guten Todes." Der Entehrer ist der Rache der Sippe ausgesetzt, die Frauensperson aber, die sich preisgegeben hat, wird gleichfalls bestraft. Dies hängt mit der ehrfurchtsvollen Achtung, die der Frau bei den Germanen zu teil wurde, und die aus dem Glauben floß, daß ihr höhere, geheimnisvolle Seelenkräfte innewohnten, zusammen. Ihre Verletzung wurde dadurch gleichsam zu einem Vergehen gegen die Religion. „Jungfrau schwächen ist wie eine Kirch' erbrechen." Ein Nachklang an die frühere Vielweiberei ist es aber offenbar, wenn sich eines Ehebruchs nur die Ehefrau, nicht der Ehemann (es sei denn mit der Ehefrau eines anderen) schuldig machen kann. Zugleich tritt hier noch der in der Munt liegende Gewaltbegriff stärker hervor. Die sittliche Auffassung von den unehelichen Kindern hatte die christliche Kirche völlig geändert. Ursprünglich germanisch war die Mißachtung dieser keineswegs, und namentlich die in einem Konkubinat erzeugten oder die vom Vater in sein Haus aufgenommenen Kinder hatten z. B. nach langobardischem Stammesrecht dieselben Rechte wie die ehelichen Kinder. Durch den Einfluß der Kirche aber galten sie als anrüchig, und zwar nach der Meinung des frühen Mittelalters sogar die in der Ehe geborenen, aber außer der Ehe erzeugten Kinder. Bis weit in die neueste Zeit, besonders nachdem die sakramentale Natur der Ehe sich ausgebildet hatte, war die Rechtsstellung der unehelichen Kinder ungünstig. Nicht nur, daß sie als „ehrlos" galten, erbunfähig waren, sondern an manchen Orten waren sie auch in der Zeugnisfähigkeit beschränkt, erhielten kein Wergeld, konnten weder in die Bürgerschaft noch in die Zünfte aufgenommen werden („Die Zünfte müssen so rein sein, als wären sie von Tauben gelesen"), und die Kirche verweigerte ihnen das kirchliche Begräbnis. Auch die Unehrlichkeit der Zunft der Bader ist auf das leichtfertige Treiben in den Badestuben des Mittelalters zurückzuführen.

Von großem Einfluß wurde die sittliche Auffassung auf die Entwickelung der Munt, die, wie wir gesehen haben, ursprünglich ein unumschränktes Gewaltverhältnis des Siegers über den Besiegten war. Diese Natur hat die Munt zwar nach außen hin am längsten in der Vertretung des Gewaltunterworfenen bewahrt, und heute noch besteht sie als Ehevogtei, als väterliche und vormundschaftliche Gewalt. Nach innen hin ist aber bald die sittliche Seite des Verhältnisses zum Durchbruch gekommen und hat das ursprünglich einheitliche und gleichartige

Gewaltverhältnis in die verschiedenen Rechtsbildungen des Eherechtes, der väterlichen Gewalt und der Vormundschaft aufgelöst, indem es für jede der Beziehungen die eigenartigen sittlichen Ansprüche zur rechtlichen Geltung brachte. Es ist ein schönes Zeugnis für die sittliche Beanlagung der Germanen, daß sie die älteste und roheste Stufe der Hausherrschaft, wie wir sie früher kennen lernten, verhältnismäßig rasch und jedenfalls schneller, als es sonst bei der Langsamkeit ihrer Rechtsentwickelung zu erwarten gewesen wäre, überwunden haben.

So wurde, namentlich auch mit Hilfe des Christentums, die Vielweiberei beseitigt, die freilich schon vordem nur noch bei den Reichsten und Vornehmsten und, wie Tacitus meint, mehr aus politischen Gründen, Sitte gewesen war. Als Grundsatz wurde die engste eheliche Lebensgemeinschaft anerkannt und auch hier zeigt sich wieder die Hochschätzung, die bei den Deutschen die Frau genoß. Drückt sich das doch schon in dem Namen Frau, der „Herrin" bedeutet, aus. Und Herrin war sie auch, insofern sie die Oberleitung in der Wirtschaft und im Hause hatte, anfänglich sogar ihr allein die Feldbestellung oblag. „Der Männer Ehre ist auch der Frauen Ehre", „Der Mann muß seine Frau führen und fassen", „Der Mann muß seine Frau thun bis auf den Kirchhof." Vermögensrechtlich äußert sich diese Lebensgemeinschaft darin, daß die Eheleute das Vermögen zu gesamter Hand besitzen. Die ganze Auffassung kommt nirgends schöner als in den Rechtssprichwörtern zum Ausdruck. „Mann und Weib sind ein Leib." „Ist die Decke über den Kopf, so sind die Eheleute gleich reich." „Wem ich meinen Leib gönne, dem gönne ich auch mein Gut." „Die dem Manne trauet, die trauet auch den Schulden." Vor allem wurde aber mit der Beseitigung der Raubehe und des Brautkaufes die Vertragsehe Sitte und damit dann das Selbstbestimmungsrecht der Frau. Die Betonung des sittlichen Gehaltes in der Ehe steigerte sich natürlich, als vollends das kanonische Recht das allein maßgebende Eherecht wurde. Mit diesem wurden namentlich auch die Scheidungsgründe beschränkt, während im ältesten Rechte gegenseitiges Übereinkommen, nicht aber grundlose Verstoßung durch den Mann, genügte. Schließlich stellte die Kirche sogar den Grundsatz der Unauflöslichkeit der Ehe auf. „Hast du mich genommen, so mußt du mich behalten." Nicht minder milderte die sittliche Anschauung die unumschränkte Herrschaft des Vaters über seine Kinder. Das Recht, die Kinder auszusetzen oder zu töten, wurde beschränkt, sobald das neugeborene Kind die Wasserweihe erhalten hatte.

Ein sehr wesentliches Merkmal des deutschen Rechtes ist weiter die Hochhaltung und Berücksichtigung der Arbeit. Das zeigt sich zunächst vielfach bei den Vorschriften über den Eigentumserwerb. Wer z. B. bei der Bewirtschaftung eines Gutes alle zur Hervorbringung der Früchte nötigen Arbeiten verrichtet hat, der hat auch die Früchte verdient und erhält sie, selbst wenn zur Zeit der Ernte das Gut nicht mehr in seinem Besitz oder seiner Nutzung ist. „Wer säet, der mähet." „Der Garten ist verdient, so er gesäet und geharket ist." „Es ist auch der Frucht würdig, der die Arbeit thut." „Des Mannes Saat ist verdient, sobald die Egge drüber fährt." Aus diesem Grunde hat der Ehemann, dessen Ehefrau vor der Ernte stirbt, das Recht auf den Bezug der Früchte des von ihm bestellten Gutes seiner Frau. Löst der Pfandschuldner das Pfand nach Bestellung des Feldes ein, so hat der Gläubiger, der inzwischen das Feld bestellt hatte, doch noch die Früchte zu beziehen. Sehr charakteristisch ist auch das sogenannte Dungzahlrecht für die Wertschätzung der Arbeit: der Zwischeneigentümer bei Geltendmachung eines Rückkaufsrechtes hat an den Erträgnissen des Bodens noch so lange ein Bezugsrecht, als die von ihm besorgte Düngung des Bodens auf die Fruchterzeugung förderlich wirkt. Denn „Wo der Mistwagen nicht hingeht, da kommt der Erntewagen nicht her." Wegen der Fruchtziehung aus der vom Pächter geleisteten Arbeit ist auch bestimmt, daß der Wechsel der Wirtschaftspächter zu

Lichtmeß eintreten soll, weil dort eine neue Wirtschaftsperiode beginnt, die neue Feldbestellung anfängt. Es entspricht eben der deutschen Auffassung, daß derjenige, der die Arbeit aufgewendet hat, auch den Genuß der Frucht aus der Arbeit zieht. Deshalb wird sogar unter Umständen Eigentum an fremdem Stoffe durch dessen Bearbeitung erworben: „Das Junge folgt der Mutter.“ Diese Hochschätzung der Arbeit ist es schließlich auch, die die Güterleihe in Deutschland zu einer außerordentlich dauerhaften Einrichtung machte. Es war eben das Bestreben vorhanden, dem Bauer den Ertrag seiner Bearbeitung des geliehenen Gutes zu sichern, ja im Laufe der Entwickelung führte dies dazu, daß zu gunsten des bearbeitenden Leihenden das ursprüngliche Eigentum des Leihers verloren ging und sich in eine bloße öffentlich-rechtliche Herrschaftsgewalt verflüchtigte, daß das Gut ablösbar, die Leihe erblich wurde. „Solange wir unseren rechten Pacht geben, kann man uns vom Erbe nicht vertreiben“ und nur „Wer den Zins versitzt, verliert den Acker.“ Hierher gehört schließlich auch die Berücksichtigung des Arbeitslohnes im Recht. Der Dienstbote kann gerechten Lohn seiner Arbeit fordern, auch wenn er nicht gerade ausbedungen ist, denn „Um Dank dient niemand“, und die Dienstlohnforderung ist eine bevorzugte, „Liedlohn soll man vor allen Schulden bezahlen“, „Verdienter Liedlohn schreit zu Gott im Himmel.“ Die Wertschätzung der Arbeit im allgemeinen lassen noch folgende Rechtssprichwörter erkennen: „Die Arbeit trägt den Lohn auf dem Rücken.“ „Arbeit ohne Lohn ist halb Spott halb Hohn.“ „Wer seiner Arbeit lebt, soll des Reiches Fried' haben.“

Mit der Hochschätzung der Arbeit hängt notwendig zusammen die Mißachtung des Erwerbes ohne Arbeit oder doch ohne redliche Arbeit. Dies führte in vielen Fällen dazu, ganze Berufsstände für unehrlich zu erklären. Schon zu Karls des Großen Zeit war z. B. der Stand der Müller wegen des „Molterns“, d. h. der Aneignung des ihnen zum Mahlen übergebenen Getreides, unehrlich. Die Söhne der Müller waren deshalb sogar von allen geistlichen Ämtern und Würden ausgeschlossen. „Müllers Hennen sind die fettsten“, hieß es. Wie mißachtet die Müller waren, zeigt auch der Umstand, daß ihnen in vielen Gegenden die Lieferung der Galgenleitern gesetzlich oblag, daß sie also nicht viel über den Henkern geachtet wurden, und hieran änderten auch die Reichspolizeiordnungen von 1548 und 1577, die die Müller ausdrücklich ehrlich sprachen, nicht viel. Noch im 17. Jahrhundert wurde ein Seiler in Hamburg mit der Ausstoßung aus der Zunft bedroht, weil er eine Müllerstochter heiraten wollte, und erst das Reichskammergericht vermochte die ehrbare Seilerzunft eines Besseren zu belehren. Auch bei den Spielleuten und Komödianten wirkte außer ihrer Unseßhaftigkeit für ihre Geringschätzung der Umstand mit, daß sie nicht durch ordentliche Arbeit, sondern durch wertlose Künste Geld erwerben. Auf gleicher Stufe der Unehrlichkeit wie die Müller standen aber insbesondere die Leinweber. „Die Leinweber bilden eine ehrliche Zunft, unterm Galgen ist ihre Zusammenkunft.“ „Der Leinweber schlachtet alle Jahr zwei Schwein, das eine ist gestohlen, das andre nicht sein.“ Und wie die Müller die Galgenleiter liefern, so mußten sie an vielen Orten den Galgen bauen. Die Naumburger Innungen aber hatten in ihren Satzungen die Vorschrift: „daß all solche Leut, die von Schäfers, Lautenschlägers, Leinwebers oder anderer leichtfertiger Art sein“, nicht in ihnen aufgenommen werden dürften.

Bei keinem anderen Volk ist ferner die Treue so zum wesentlichen Inhalt von Rechtseinrichtungen geworden, wie bei den Deutschen. Das ganze deutsche Recht namentlich des Mittelalters ist ein einziges hohes Lied von der Treue. Verbindet sich mit irgend einem Verbrechen ein Treubruch, so macht er jenes ohne weiteres zu einem unehrlichen, und auch nach unserem Strafgesetzbuche ist die Unterschlagung einer anvertrauten Sache ein schwereres Vergehen.

Denn heute noch gilt die Hochhaltung der Treue als vornehmste deutsche Tugend. Untreue gegen das Gemeinwesen war schon nach ältestem germanischen Recht unsühnbare That, die mit dem Opfertode gebüßt wurde. Solche Untreue bestand in Landesverrat, Heeresflucht, aber auch schon in Landesflucht zu Friedenszeiten. Als dann mit Begründung des Frankenreiches die Könige die Übergewalt erlangten und sich zu Trägern der Staatsgewalt gemacht hatten, erschien notwendig die Untreue gegen das Gemeinwesen zugleich als Untreue, als Treubruch gegen die Person des Königs. Nach römischer Sitte ließen sich die Frankenkönige die Unterthanentreue durch einen Unterthaneneid bekräftigen, forderten wohl auch (namentlich aus Anlaß der Reichsteilungen) die wiederholte Ablegung dieses Eides und faßten schließlich den Inhalt so weit, daß der Eid dadurch nur an Bedeutung verlor. Es ist uns ein solcher Unterthaneneid aus dem Jahre 789 erhalten, der folgendermaßen lautet: „Ich verspreche dem König Karl und seinen Söhnen, daß ich treu bin und sein werde Zeit meines Lebens ohne Trug und Hinterhalt."

Von dieser allgemeinen Unterthanentreue ist selbstverständlich die auf besonderen Dienstverhältnissen beruhende Diensttreue zu unterscheiden. Ihren Ursprung hat diese im Gefolgschaftswesen, von dem bereits die Rede war, und das auf Tacitus einen so tiefen Eindruck gemacht hat. „Des Fürsten Stolz im Frieden, im Kriege sein Schutz" nennt er das Gefolge und sagt von ihm: „Im Gewühl der Schlacht ist's eine Schande für den Fürsten, sich an Tapferkeit übertreffen zu lassen, und Schande fürs Gefolge, hinter des Fürsten Heldenmut zurückzubleiben, vollends aber ehrlos und schmachbedeckt fürs ganze Leben, den Führer überlebend vom Schlachtfelde heimzukehren. Seinen Herrn zu schützen, zu wehren, womöglich die eigenen Heldenthaten seinem Ruhme zuzuschreiben, ist erste Kriegerpflicht." Wie mit dem Gefolgschaftswesen das Antrustionentum zusammenhängt, dessen Name schon an seine Aufgabe erinnert (gotisch trausti = Trost), und aus diesem sich nach der kriegerischen Seite hin das Lehnswesen, nach der friedlichen Seite hin das germanische Beamtentum entwickelt, ward schon gezeigt. Und daß das deutsche Beamtentum dieses alte germanische Treuverhältnis noch pflegt und sich hierdurch vor allen anderen Völkern auszeichnet, darf ohne Überhebung gesagt werden.

Wie aber des ganzen Lehnswesens innerster Kern die Treue ist, die gegenseitige Treue des Lehnsmannes zum Herrn und des Herrn gegen den Lehnsmann, ist allbekannt. Der Vasall verspricht, dem Herrn „treu und hold" zu sein, der Herr aber, ihm dafür seinen Schutz angedeihen zu lassen. Da aber das Lehnswesen den ganzen mittelalterlichen Staat beherrschte, die Ämter sämtlich zu Lehen gegeben waren, auch das Privatrecht sich in lehnsrechtlicher Weise wenigstens in Bezug auf das Grundeigentum entwickelte, so erhellt, welchen hervorragenden Einfluß auf die Gestaltung des Rechtes die den Germanen eigene schöne Eigenschaft der Treue erlangen mußte. Auch außerhalb des Lehnrechtes beherrscht sie das Recht. Wir erinnern z. B. an die deutsche Auffassung von der Schenkung, deren wir schon früher Erwähnung thaten, wonach bei Untreue gegen den Schenker das Geschenk an diesen zurückfällt. Auch der Grundsatz „Hand muß Hand wahren" beruht auf dem Vertrauen, das demjenigen, dem etwas freiwillig in Besitz übergeben wurde, geschenkt wird. Denn nur von diesem kann der Eigentümer es zurückfordern, nicht von einem dritten Besitzer. „Wo einer seinen Glauben gelassen, da muß er ihn wieder suchen", „Nimm die Treue, wo du sie gelassen."

Ein echt deutscher Zug ist endlich auch das freundliche Verhältnis zum Tier. Das fällt jedem auf, der dagegen das Verhalten der Romanen, etwa der Süditaliener, gegen die Tiere betrachtet. Und so war es schon bei den alten Deutschen, und zwar in noch viel höherem Maße. Dem Tiere wird von ihnen gleichsam Persönlichkeit beigelegt, nicht nur in der Sage von

Reinecke Fuchs, sondern auch im Recht. Das Haustier stand eben in alter Zeit dem Menschen näher und wurde wie der Knecht zu den Hausgenossen gerechnet. Daß Tiere Verbrechen begehen konnten und ihnen deshalb der Prozeß gemacht wurde, haben wir schon erwähnt. Wer ein solches Tier dann aufnimmt und ihm Nahrung gibt, haftet wie ein Begünstiger der That. Kommt fremdes Vieh auf den Acker, kann es der Eigentümer des Ackers zur Strafe töten oder zu Pfand nehmen, bis es der Eigentümer auslöst. „Hühner haben auf fremdem Grasland keinen Frieden." Löst der Eigentümer das Tier nicht aus, so kann es der Beschädigte zur Strafe für seine Übelthat hungern lassen. Aber wie das Tier so strafrechtlich verantwortlich gemacht wird, so hat es auch gleich dem Menschen seine Rechte. Die einzelnen Arten von Haustieren haben sogar ihre eigenen Gerechtigkeiten und Freiheiten. Dem Zuchtvieh namentlich, dem Hengst, dem Stier des Dorfes, wird manches nachgesehen, was sich ein gewöhnliches Tier nicht erlauben darf. Andere Tiere genießen besondere Rechte oft wegen ihrer Farbe, z. B. das schneeweiße Pferd, oder wegen ihrer Stellung zum Menschen, so z. B. der Haushund als „Hofwart". Der Hahn dagegen wurde scheel angesehen, weil bei seinem Krähen Petrus Jesum verraten hatte, und stand im Geruch der Ketzerei. Osenbrüggen berichtet nach einer Baseler Chronik, daß dort auf dem Kohlenberge im Jahre 1474 ein Hahn lebendig verbrannt worden sei, weil „er überwiesen war, ein Ei gelegt zu haben". Bei dieser Vermenschlichung des Tieres kann es nicht wundernehmen, daß für seine Tötung auch ein Wergeld gezahlt werden mußte.

5. Poesie und Humor im Recht.

Dem aufs Ideale gerichteten Sinne der Deutschen entspricht seine Neigung für das Dichterische. Hängen religiöses Empfinden und Poesie eng zusammen, und war Religion und Recht ursprünglich ein ungeschiedenes Ganze, so muß naturgemäß die Poesie auch das Recht durchweben. Die Deutschen haben aber die Trennung zwischen Recht und Poesie mit der Trennung des Rechtes von der Religion noch nicht vollzogen. Es kann hierbei ganz davon abgesehen werden, daß anfangs überhaupt jede Ausdrucksweise, also auch die Wiedergabe von Rechtssätzen, etwas Bildliches und schon darum etwas Poetisches hatte; daß ferner bei dem Mangel an Schrift die Rechtssätze wie die Sage durch mündliche Überlieferung sich fortpflanzten und hierdurch zu einer Form, die dem Gedächtnis zu Hilfe kam, also zur Festhaltung in Sprüchen und gebundener Rede gedrängt wurde. „Recht sagt ein Mann dem andern." Daß deshalb Rechtsformeln und Sprichwörter schon ihrer Form nach poetischen Gesetzen folgen, ist natürlich. Wir finden bei ihnen die Tautologie wie „kund und zu wissen thun", „heischen und gebieten", ja sogar die Dreiteilung „wir verpfänden, versetzen und verschreiben" ebenso wie den Stabreim „ganz und gar, helfend und haltend, niet- und nagelfest".

Ebenso ist bei der Feierlichkeit und der gleichsam gottesdienstlichen Natur gewisser Eides- und Bannformeln deren poetische Ausdrucksweise erklärlich, wennschon hier stärker der poetische Einfluß zu Tage tritt. So lautete der Eid der Vehmschöffen: „Ich schwöre, zu hehlen die heilige Vehme vor Weib und Kind, vor Vater und Mutter, vor Schwester und Bruder, vor Feuer und Wind, vor allem, was die Sonne bescheint und der Regen benetzt, vor allem, was schwebt zwischen Himmel und Erde." Und die Bannformel: „Des urteilen und achten wir dich und nehmen dich von und aus allen Rechten und setzen dich in alles Unrecht, und wir teilen deine Wirtin zu einer wisenhaften Witwe und deine Kinder zu ehehaften Waisen, geben deine Lehen dem Herrn, von dem sie rühren, dein Erb und Eigen deinen Kindern, dein Leib und Fleisch den Tieren in den Wäldern, den Vögeln in den Lüften, den Fischen in den Wogen, wir erlauben dich auch männiglich allen Strafen, und wo ein jeglich Mann Fried und Geleit hat, solltu keins haben, und wir werfen dich in die vier Straßen der Welt." Auch sonst wird die poetische Ausdrucksweise gern gebraucht. Eine Rechtshandlung erfolgt „bei scheinender Sonne, in schwarzer Nacht, ehe die Sonne zu Gnaden geht, auf roter Erde".

Weiter geht schon die gestaltende Wirkung der Poesie, wenn abstrakte Rechtsbegriffe mit bildlichem Ausdruck bezeichnet werden, wie Schwertmagen für männliche, Spindelmagen für weibliche Verwandte, wenn das Vieh, das in gleicher Anzahl auf dem gepachteten Gut erhalten werden, dessen Bestand also der Pächter ergänzen muß, eisern Vieh genannt wird, das Lehen, als dessen Lehnsherr nur Gott erkannt wird, Sonnenlehen heißt, wenn für weibliche Verwandtschaft auch Schoß oder Busen gesagt wird: „Das Kind folgt dem Busen." Poetisch ist ferner statt der Allgemeinheit, einen konkreten und besonders charakteristischen Fall zu nennen, oder wenigstens an ein charakteristisches äußeres Merkmal den Rechtssatz anzuknüpfen. Hierdurch wird der Gedanke lebendiger und anschaulicher wiedergegeben; z. B. „Was die Fackel verzehrt, ist Fahrnis", „Der den schlechten Tropfen genießet, genießet auch den guten", „Wer säet, der mähet", „Ist der Finger beringt, so ist die Jungfrau bedingt", „Ist das Bett beschritten, ist das Recht erstritten", „Wer die Leiter hält, ist so schuldig als der Dieb."

Vollends poetisch ist der Gebrauch von Symbolen. Die Macht wird mit dem Hut, Handschuh oder der Hand, bei der Frau mit dem Pantoffel bezeichnet, weibliche Befugnisse werden auch mit dem Schleier, dem Schlüssel verbunden, „Hut bei Schleier, Schleier bei Hut"; die Schlüsselgewalt der Frau kennt das Recht noch heute. Der Ritterstand wird mit dem Schild bezeichnet: „Es erhöhet nichts des Mannes Schild denn Fahnlehen." Man denke an die sieben Heerschilde des Lehnrechts. Für die Kirche wird der Krummstab genannt: „Krummstab schließt niemand aus." Auch geradezu symbolische Handlungen bildet die poetische Neigung in Verbindung mit religiösen Gebräuchen aus, z. B. das Ohrenziehen der Zeugen. Besonders poetisch aber sind die Gleichnisse, mit denen abstrakte Rechtsbegriffe und abstrakte Rechtssätze wiedergegeben werden. So wird der Friedlose, wie wir sahen, Wolfshaupt, Wolf genannt. Die Strafe des Henkens wird einfach mit dem Strang bezeichnet. „Der Strang ist mit fünf Gulden bezahlt", d. h. wegen Diebstahls von fünf Gulden wird man gehenkt. Ein grober Mensch wird ein grober Klotz geheißen: „Auf groben Klotz ein grober Keil." Der Eid wird der „Zeuge der Wahrheit" genannt. Der Dieb wird mit einer Katze verglichen: „Die Katze läßt das Mausen nicht." Sehr beliebt sind die Gleichnisse für die Wiedergabe abstrakter Rechtssätze: „Einem geschenkten Gaul sieht man nicht ins Maul", „Freundesblut wallt, und wenn es nur ein Tropfen ist", „Wer zuerst kommt, mahlt zuerst" zur Bezeichnung des Vorzuges des früheren Besitzes. „Keine Henne fliegt über die Mauer" — mit Henne wird der Leibeigene bezeichnet, der in der Stadt kein Bürgerrecht erwerben kann. „Kirchengut hat eiserne Zähne" erklärt sich selbst. Erreicht der unbezahlte Zins den Wert des Gutes, dann fällt dieses an den Herrn zurück. Hierfür sagt das Sprichwort: „Die Tochter frißt die Mutter." Heimliche Schwangerschaft vor der Ehe berechtigt, sie aufzulösen: „Es ist niemand schuldig, die Kuh mit dem Kalbe zu behalten." „Wo sich der Esel wälzt, da muß er Haare lassen", bezieht sich auf den Gerichtsstand der begangenen That. Das Sprichwort: „Die Axt ist ein Rufer, kein Dieb", lernten wir bereits kennen. „Der Letzte macht die Thüre zu" bezieht sich auf das Erbrecht bei Vermögen zu gesamter Hand.

Auch die Bestimmung von Maßen geschieht nicht so trocken wie heutzutage, sondern in poetischer Weise. Die unbeschränkte Zeitdauer wird umschrieben: „So lange der Wind weht, der Hahn kräht und der Mond scheint." „Der Mann muß seine Frau thun bis auf den Kirchhof."

Der Raum wird bemessen, soweit ein Stein mag geworfen werden, soweit der Hahn schreit, soweit jemand mit der rechten Hand den Hammer werfen mag, soweit man ein weißes Pferd schimmern sieht, einen Katzensprung. Ein „Morgen" ist ein Stück Land, so viel, wie an einem Morgen jemand umzuackern vermag. Aller Schatz unter der Erde, tiefer als der Pflug geht, ist Regal. Die Schwere einer Verwundung wird danach bemessen, ob der herausgeschlagene Knochensplitter über einen breiten Weg auf einen Schild geworfen noch klingt, ob das Blut aus der Wunde zur Erde fällt, ob das verletzte Augenlid die Thräne noch halten, ob der gelähmte Fuß den Tau vom Grase streifen kann. Derart ist auch das Maß von Rechten und Pflichten bestimmt. „Wenn der Busch geht dem Reiter an die Sporen, so hat der Unterthan sein Recht verloren" bedeutet, daß an den Wäldern der Landesherr das Regal hat. „Wenn ein Kind seine Geschwister durch eine Stapfe tragen kann, müssen sich die Verwandten ihrer nicht mehr annehmen." Der Schöffe ist durch Wassersnot von seiner Pflicht, im Gericht zu erscheinen, gerecht entschuldigt, wenn er an zwei verschiedenen Stellen bis ans Knie ins Wasser ging und doch nicht hindurchkommen konnte. Der hörige Schnitter darf für sich eine Bürde Heu mitnehmen, erhält aber nichts, wenn er in allzu großer Begehrlichkeit so viel nahm, daß er mit ihr hinfällt. „Der Bauer dient, wie er bespannt ist", d. h. mit so viel Pferden 2c. muß er Frondienst leisten, wie er selbst hat, nicht mit mehr, nicht mit weniger.

Nahe der Poesie verwandt ist der Humor. Es kann deshalb nicht auffallen, wenn der Humor, der eine besondere Eigentümlichkeit des deutschen Wesens bildet, auch im Rechte zu Tage tritt. Solange dieses noch volkstümlich war, ein unmittelbares Erzeugnis des ganzen Volkes bildete, mußte auch diese volkstümliche Eigenschaft sich geltend machen. In welchem Maße dies der Fall ist, darauf hat, wie für die Poesie J. Grimm, hier namentlich Gierke aufmerksam gemacht. Auch der Humor äußert sich in doppelter Weise: sowohl im Ausdruck von Rechtssätzen als auch geradezu in der Bildung eigentümlicher launiger Rechtsvorschriften.

Scherzhaft ist die Titulierung der Vorstände verschiedener für ehrlos gehaltener Genossenschaften mit „König" und der Genossenschaften selber als „Königreiche". Es gibt Pfeiferkönige, sogar „Königinnen" und „Äbtissinnen" von öffentlichen Frauenhäusern. Auch sonst wird ein Rechtsbegriff mit einem humoristischen Ausdrucke wiedergegeben. Die Kirche wird oft mit Krummstab bezeichnet, die Gewohnheit wird ein eisernes Hemd genannt, das Kind ein halber Mensch und das Kindeskind ein halbes Kind. Der Unfreie wird regelmäßig mit einem Huhn oder Hahn verglichen, die Biene als wilder Wurm bezeichnet. Oft liegt das Komische im scheinbar Selbstverständlichen, wie: „Das Pferd hat Recht wie das Vieh", oder sonst in der Zusammenstellung an sich ganz verschiedener Gegenstände oder Begriffe: „Die Augen auf oder den Beutel", „Kauf' deines Nachbars Rind und freie deines Nachbars Kind", „Ein Weibermarkt ist fünf Schilling wert", d. h. für fünf Schillinge darf die Frau ohne Einwilligung des Mannes zum Haushalt einkaufen, „Affen und Pfaffen lassen sich nicht strafen", „Wer sich Stehlens getröstet, getröstet sich des Galgens", „Stehlen ist bei Hängen verboten", „Wo der Pflug hingeht, geht der Zehent weg", „Haber und Zinsen schlafen nicht", „Gedanken sind zollfrei", „Schulden sind keine Hasen", „Wo nichts ist, hat der Kaiser sein Recht verloren", „Bedrohter Mann lebt dreißig Jahr", d. h. eine bloße Drohung ist noch nicht lebensgefährlich und vom tapfern Manne zu verachten.

Aber auch humoristische Gleichnisse finden sich zahlreich: „Das Kalb folgt der Kuh", „Trittst du mein Huhn, wirst du mein Hahn" heißt: wer eine Unfreie heiratet, wird selbst unfrei.

„Kirchengut hat Adlersklauen", „Das Recht hat eine wächserne Nase", „Gemalte Ahnen zählen nicht", „Wer den Kopf hat, schiert den Bart", d. h. der überlebende Ehegatte nimmt die Erbschaft. „Kirchenbuße ist kein Staupbesen", d. h. keine entehrende Strafe. „Wo kein Hahn ist, kräht die Henne", wenn bei Mangel männlicher Erben die weiblichen zur Erbfolge kommen. Hierfür wird wohl auch gesagt: „Die Erbschaft geht vom Spieß auf die Spindel", „Doppelt genäht hält besser", zur Bezeichnung eines zwiefachen Erbrechtes, „Wenn die Füße gebunden, läuft die Zunge am meisten", „Wenn der Abt die Würfel auflegt, dürfen die Brüder spielen", „Wucher hat schnelle Füße, er läuft, ehe man sich umsieht."

Hierher gehören weiter auch die scheinbar sich widersprechenden Behauptungen. „Von schlimmen Sitten kommen gute Gesetze." „Je mehr Gesetz, je weniger Recht." „Unrecht ist auch Recht." „Die Jungen verjagen die Alten." „Ein freies Weib kann kein eigenes (unfreies) Kind haben." „Das elfte Seil ist das zehnte (der Zehent)." „Hat die Henne 3, so gibt sie eins, hat sie 20, so gibt sie auch eins", nämlich ein Ei als Zehent. „Gute Gewohnheit ist am Zehnten Gerechtigkeit." „Ein Jahr Rente ist hundert Jahr Rente." „Einmal ist keinmal." „Reiche Weiber machen arme Kinder." „Gerade hat viel Ungerade", d. h. viele Dinge, die thatsächlich nicht zur Gerade, dem Fraueneigentum, gehörten, wurden oft hinzugerechnet und deshalb den Erben entzogen. „Die auf einem Schiffe zur See sind, sind gleich reich." „Der Bauer hat nur ein Kind", zur Bezeichnung des Erstgeburtrechtes. „Wer einen Heller erbt, muß einen Thaler bezahlen", d. h. der Erbe haftet für alle Schulden des Erblassers. „Ein Priester lebt ein Jahr nach seinem Tode" bezieht sich auf das Gnadengehalt für die Angehörigen.

Sehr drollig sind vielfach die Umschreibungen, die für Strafen gebraucht werden. Für Hängen wird gesagt: in der Luft reiten, den dürren Baum reiten, die Luft über sich zusammenschlagen lassen. „Starken Krankheiten muß mit Arzneien gewehrt werden" bezieht sich auf die Verbrechen und Strafen überhaupt. Auch: „Wer nichts im Beutel hat, muß mit der Haut zahlen." Für Enthaupten wird oft gesagt: des Kopfes kürzer machen; zwei Stücke aus einem machen, so daß der Leib das größte, der Kopf das kleinste Teil bleibt.

Aber nicht nur der Form, sondern auch dem Inhalte nach hat der Humor gewisse Rechtssätze geschaffen. So namentlich, wenn in komischer Übertreibung die äußersten Folgen einer Befugnis bezeichnet werden. Dies finden wir bei Strafen und Bußen, bei denen der Schalk oft dadurch schon zu Tage tritt, daß die übermäßig harte Strafe ebenso leicht ablösbar ist. Der Hundedieb soll entweder vor allem Volke dem Hunde den Hintern küssen oder 5 Schillinge zahlen. Wer einem Baum die Rinde abschält, dem wird dafür der Darm herausgeschält und dieser um den Baum geschlungen, damit dem Baum die Rinde ersetzt werde. Waldbrenner wurden gebunden in die Nähe eines Feuers gesetzt, bis ihnen die Sohlen von den Füßen, nicht von den Schuhen fallen, d. h., so sollte ihnen eigentlich geschehen nach dem strengen Recht, es wird aber Gnade geübt. Oder eine Buße wird in unmöglicher oder übertrieben hoher Leistung bestimmt: z. B. in weißen Raben oder einem berghohen Weizenhaufen u. s. f. Eine ebensolche humoristische Übertreibung ist für die spätere Zeit der Ausdruck für das unbeschränkte Eigentum am Knecht: „Er ist mein Eigen, ich mag ihn sieden oder braten." Und hierher gehört auch das sogenannte Recht der ersten Nacht des Herrn gegen die Braut seines Hörigen, wie daraus klar wird, daß dies der hörige Bräutigam durch eine ganz geringfügige Gabe ablösen kann. Es soll damit nur drastisch das Herrenrecht ausgedrückt werden. Der Richter soll nach der Soester Gerichtsordnung „auf seinem Richterstuhl sitzen als ein griesgrimmender Löwe, den rechten Fuß über den linken schlagen, und wenn er aus der Sache nicht recht könne urteilen, soll er dieselbe 123mal überlegen". Auch die Schnelligkeit, die das Recht von gewissen Handlungen verlangt, muß oft außerordentlich sein. Wo wir jetzt „sofort“ sagen, malt dies das alte Recht aus: Ein Blutserbe, der ein Beispruchsrecht bei der Veräußerung eines Gutes hat, muß, wenn er von der Veräußerung erfährt, dies sofort geltend machen, oder vielmehr: „So einer eine Hose angethan und die ander nit, so soll er die, so noch nit angethan, an die Hand nehmen und die Losung (das Beispruchsrecht) thun ongeferlich.“

Umgekehrt werden Rechte und Verpflichtungen in launiger Weise unter Umständen nur so gering bemessen oder überhaupt derart festgesetzt, daß sie thatsächlich ohne allen Inhalt sind. Das Recht des Herrn, den Wegzug eines Hörigen zu hindern, ist z. B. davon abhängig, daß der Vogt den beladenen Karren mit einem kleinen Finger heben kann. Humoristisch sind vor allem oft die Scheinbußen rechtloser und ehrloser Leute für Verletzungen, die ihnen zugefügt worden sind. Gemietete Kämpfer erhalten als Buße das Blinken des Schildes gegen die Sonne, Spielleute und Komödianten erhalten als Buße den Schatten eines Mannes, Diebe zwei Besen und eine Schere in Bezug auf die Strafen an Haut und Haar. Die Ausführung der Strafen selber ist endlich vielfach lächerlich, z. B. das Hundetragen, auf dem Esel verkehrt reiten, am Pranger stehen, Steinetragen für zänkische Frauen.

6. Das Fremde und das Philosophische im Recht.

Bisher haben wir Charakterzüge des deutschen Volkes kennen gelernt in ihrem Einfluß auf die Ausgestaltung und Entwickelung des Rechtes, die der Erzeugung eines volkstümlichen Rechtes nur förderlich und jedenfalls nicht hinderlich waren. Die Neigung zu genossenschaftlichem Zusammenschluß, das tiefe religiöse und sittliche Gefühl, die Kampfeslust, der Hang zur Poesie und zum Humor: sie alle sind Eigenschaften, die mit der Bewahrung eines eigenartigen Volkstumes nicht nur verträglich sind, sondern diese Eigenart gerade erst recht zur Erscheinung bringen. Daneben ist dem deutschen Volke aber auch eine Charaktereigenschaft zugeteilt, die nicht nur hohe Vorzüge, sondern ebenso hohe Gefahren in sich birgt, die nicht nur zur frischen Entwickelung, sondern auch zum Verlust der Volksart führen kann: der Universalismus, und es ist eine eigentümliche Erscheinung im deutschen Volksleben, daß gerade der engherzigste Partikularismus zugleich im weitesten, schrankenlosen Universalismus sein Widerspiel findet. Es erscheint dies auf den ersten Blick auffällig und ist doch psychologisch so erklärlich, daß man die widerspruchsvoll klingende Behauptung aufstellen kann, der Universalismus sei die notwendige Folge des Partikularismus. Denn je enger und kleiner die eigene Lebensgemeinschaften bildenden Genossenschaften sind, je strenger sie sich von ihren nachbarlichen Gemeinschaften abschließen, desto leichter geht das Gefühl der Zusammengehörigkeit zu einer größeren Volkseinheit mit diesen verloren, desto leichter erscheinen auch diese schon als die Fremden in gleicher Weise wie Volksfremde selbst, desto eher werden alle diese außerhalb der engen Genossenschaft Befindlichen ununterschieden als gleichartige Fremde behandelt. Das Undeutsche erscheint ihnen nicht weniger fremd als das Deutsche: man kennt nur partikularistisch das der Genossenschaft Zugehörige und das ihr nicht Zugehörige ohne weitere Unterscheidung. Regt sich aber mit der engsten Genossenschaft das Unbefriedigte und strebt der Sinn über diese hinaus, so findet er draußen dann auch keine Schranke mehr an der Grenze einer weiteren nicht erkannten Zusammengehörigkeit, sondern verliert sich sofort ins schrankenlose Universum.

So finden wir den Universalismus als Ergänzung des engsten Partikularismus. Ist der Partikularismus durch einen gesunden Volkssinn überwunden, dann hat das

Weltbürgertum keinen Raum mehr und verschwindet, sobald sich jener ausbildet. Daher ist es erklärlich, daß bei den Deutschen, bei denen, wie wir sahen, die partikularistisch-genossenschaftliche Neigung in hohem Grade ausgebildet war, auch der Universalismus zu hoher Blüte gelangte. Und je mehr das Pendel nach der partikularistischen Seite ausschlug, desto weiter ging es auf der Seite des Universalismus zurück. Stehen beide aber miteinander in Wechselwirkung, so muß auch, wie die genossenschaftlich-partikularistische Neigung, der Zug des Universalismus im deutschen Rechte seinen gestaltenden Einfluß geübt haben. Daß dies dann hauptsächlich erfolgte, wenn nicht nur der Universalismus selbst am stärksten im Volke zur Erscheinung kam, sondern wenn zugleich die übrigen rechterzeugenden Quellen am schwächsten flossen, ihr Einfluß auf das Recht versagte und dieses dadurch dem Universalismus allein preisgab, ist selbstverständlich. Dieser Zustand trat ein am Ausgang des Mittelalters, als, wie wir bereits bei der Schilderung der vierten Periode in der Entwickelung des deutschen Rechtes sahen, die Rechtsquellen aus dem Inneren des deutschen Volkstumes versiegten. Die Folge davon war die Aufnahme fremder Rechte, und diese bildet die fünfte Periode deutscher Rechtsentwickelung.

In diesem dem deutschen Volke eigentümlichen universalen Zug ist die letzte und innerste Erklärung zu finden, daß das römische Recht in so ausgedehntem Maße aufgenommen worden ist. Alles andere sind äußerlich wirkende Ursachen, die in ihrem Zusammentreffen zweifellos die Aufnahme außerordentlich beförderten, die aber ohne jene sie allein ermöglichende Eigenschaft des deutschen Volkes niemals diese Ausdehnung hätten hervorrufen können. Denn hier handelte es sich nicht mehr bloß um einen nachbarlichen Austausch einzelner Kulturerzeugnisse, wie es die Berührung zweier Völker notwendig mit sich bringt, um die Aufnahme einzelner Rechtseinrichtungen, die von den fortgeschritteneren Römern zu höherer Entwickelung gebracht worden waren, und deren Aneignung das Bedürfnis den Deutschen empfahl, sondern es handelte sich um die völlige Verdrängung des nationalen Rechtes durch ein fremdes, durch ein in fremder Sprache, fremdem Gedankengange von einem fremden Volke abgefaßtes Recht. Hier kam nicht mehr eine Aneignung und Anpassung des Fremden und dessen Umformung und Umgestaltung nach deutscher Eigenart in Frage, so daß das Deutsche vom Fremden nur befruchtet und zur reicheren, aber gleichwohl eigenartigen Entwickelung angetrieben wurde, sondern der Ersatz des deutschen Rechtes durch das römische Recht wurde erstrebt.

Wie aber die Sprache reicher wird durch Aneignung eines fremden Wortes, das einen durch heimische Laute nicht darstellbaren Begriff ausdrückt, wenn sie es zum Lehnwort umbildet, dagegen ärmer, wenn sie es schlechthin als Fremdwort übernimmt, so wird auch das Recht reicher, wenn es fremde Rechtsgedanken aufnimmt und gemäß seinem Volkstum umformt und organisch in sich einfügt, aber ärmer, wenn es sie unverändert bei sich zur Herrschaft gelangen läßt. Und vollends gilt das, wenn es ein ganzes geschlossenes Recht wie das römische Privatrecht unverändert übernimmt. Wie aber bei der Sprache der Unterschied zwischen Lehnwort und Fremdwort den Unterschied in der Lebenskraft und der Bildungsarmut der Sprache kennzeichnet, so ist eine derartige Aufnahme fremden Rechtes, wie sie am Ende des Mittelalters mit dem römischen stattfand, nur möglich, wenn das eigene Rechtsleben ohne Kraft und Gestaltungsfähigkeit daniederliegt. Solange das eigene Rechtsleben kräftig dahinflutet, braucht es die Berührung mit fremden Rechtsgebilden nicht zu scheuen, es nimmt vielmehr in sich auf, was seinem Wachstum förderlich ist, indem es dies seinem Bedürfnisse gemäß umarbeitet. Insoweit vermag der Universalismus daher, wenn er mit einer kräftigen, das eigene Wesen wahrenden Anpassungsfähigkeit verbunden ist, segensreich zu wirken; andernfalls, wenn diese

Aneignungsfähigkeit fehlt, artet er zur Fremdländerei, zur Mißachtung des Heimischen und Überschätzung des Ausländischen aus und wird zum Feind alles Volkstums.

Wie in Sprache und Sitte das deutsche Volk dem Universalismus nach beiden Richtungen hin gehuldigt hat, so auch im Rechte, wenn auch nicht gleichzeitig auf allen Gebieten. Denn wie das Recht das jüngste Erzeugnis des Zusammenlebens der Menschen ist und, wie öfter schon betont wurde, sich als letztes erst nach und nach zur Selbständigkeit von Religion und Sitte losgerungen hat, so hat der zur Ausländerei ausgeartete Universalismus auch im Recht am längsten vorgehalten und ist dort, wenn überhaupt schon, am spätesten überwunden worden. Das aber ist eben der Unterschied zwischen der Einwirkung des römischen Rechtes am Ausgange des Mittelalters und der Einwirkung des fränkischen Rechtes nach Gründung des fränkischen Reiches. Schon seit der schriftlichen Abfassung der alten Volksrechte, der leges barbarorum, machte sich der Einfluß des römischen Rechtes ebenso geltend, wie mit dem Christentum ein fremder, nicht volkstümlicher und nicht im Schoße der Nation erwachsener Glaube einwirkte. Aber so groß der Einfluß namentlich des Christentumes war: so lange die Rechtsquelle noch frisch und kräftig dem Volkstum entquoll, vermochte weder das römische Recht noch das Christentum das eigene Volkstum im Recht zu verdrängen, es wurde vielmehr durch dessen kräftige Natur ergriffen und selber eigenartig umgeformt, bis es der Volksseele gemäß war. Nun, am Ausgange des Mittelalters, versiegten die volkstümlichen Rechtsquellen, und sofort überflutete das fremde Recht das Gebiet.

Es soll hier keine Geschichte der Aufnahme des römischen Rechtes gegeben werden. Nur einige eben aus dem Universalismus fließende Züge seien hervorgehoben. In erster Linie war von Bedeutung der Universalismus in der Politik, die Idee des „Römischen Reichs deutscher Nation". Seit Karl der Große in Rom zum Kaiser gekrönt worden war, bestand eigentlich die Auffassung, daß er damit der Nachfolger der römischen Imperatoren wurde, und diese Anschauung beherrschte das ganze Mittelalter. Damit aber war von selbst die weitere Auffassung gegeben, daß das römische Recht so gut Reichsrecht war, wie die von den deutschen Königen als römischen Kaisern selbst gegebenen Gesetze. Denn sie waren ja ihre Vorfahren am Thron, auf dem sie saßen; darum galten die Justinianischen Gesetze genau so wie die von Karl dem Großen, wie die der Hohenstaufen, soweit sie nicht ausdrücklich abgeändert waren. Ihre Geltung wurde daher nur frei von der Beschränkung des deutschen Volksrechtes, als dieses aufhörte, in voller Kraft weiter zu fließen. Es bedurfte deshalb staatsrechtlich eigentlich gar nicht erst der Aufnahme des römischen Rechtes: seine Geltung war nur nicht mehr behindert. In der Meinung der Gelehrten und Herrschenden war es von jeher das aushilfsweise geltende Recht gewesen.

Eng mit diesem staatsrechtlichen Universalismus verbunden ist der der römischen Kirche. Die römische Kirche ist ihrem inneren Wesen nach weltbürgerlich wie der christliche Glaube, ein Streben, das bei der Kaiserkrönung Karls bereits zu Tage trat, wie wir sahen. Der Kleriker also ist Weltbürger und hat für ein volkstümliches Recht kein Verständnis. Er lebte zuerst nach römischem, dann nach dem aus jenem erwachsenen kanonischen Sonderrechte, dessen Wesen doch immer römisch blieb, wenn es auch vielfach von germanischen Ideen beeinflußt worden war. Mit der wachsenden Macht der römischen Kirche und dem steigenden Einflusse des römischen Klerus erweiterte sich aber auch die kirchliche Gerichtsbarkeit (es sei nur an die Ehegerichtsbarkeit erinnert), und so wurde schon hierdurch Gelegenheit für die praktische Anwendung des römischen Rechtes geschaffen.

Endlich förderte der Universalismus in der Wissenschaft die Aufnahme des römischen Rechtes, die insoweit nur eine Teilerscheinung der humanistischen Bewegung jener Zeit, die

Renaissance und Reformation auf dem Gebiete des Rechtes, ist. Wie Humanismus und Renaissance an das Altertum anknüpften und Wissenschaft und Kunst nur die antike Kunst, die Wissenschaft der Alten war und die des eigenen Volkes verachtet wurde, so war auch das Recht der Römer das Recht schlechthin und alles von ihm abweichende volkstümliche Recht barbarisch und mißbräuchliche Gewohnheit.

Die Brücke bildete aber das von der mittelalterlichen Scholastik aus der Idee der allgemeinen christlichen Religion und der griechischen Auffassung der Einheit des Rechtes und des von Natur Gerechten gebildete Naturrecht. Diese Auffassung entsprach ganz der tiefen Auffassung des Rechtes, die die Deutschen von je hatten. Wir sahen, daß ihnen das Recht ein Teil der Religion war, daß sie alles Recht von Gott ableiteten. Schon in dieser Auffassung aber ist mit der Universalität des Gottesbegriffes selbst notwendig auch die Universalität des Rechtsbegriffes verbunden, und so gab sich von selbst die Anschauung, daß über und neben den menschlichen Satzungen das Gottesrecht als das natürliche Recht stand. „Natürlich Recht heißt man Gottesrecht", „Gesetzt Recht kann natürlich Recht nicht widerlegen." Verglich man nun aber das verworrene, im Niedergange begriffene einheimische Recht mit dem römischen Rechte, von dem man mehr und mehr Kenntnis erlangte, so mußte dieses als das freiere, entwickeltere Recht notwendig zugleich als das natürlichere erscheinen; darum ist es nicht zu verwundern, wenn es dem beschränkten Verständnisse jener Zeit als das Naturrecht, als das Gottesrecht selbst erschien. Und als solches Naturrecht, ohne jede Empfindung dafür, daß es das Recht eines fremden Volkes sei, ist es thatsächlich von der Wissenschaft aufgefaßt und aufgenommen worden.

Die Anknüpfung an das klassische Recht der Römer vermittelten die berühmten italienischen Rechtsschulen, vor allem die Universität zu Bologna, und dorthin strömte die deutsche Jugend, um das römische Recht kennen zu lernen: teils dem universellen Drang der humanistischen Bewegung folgend, teils durch das mehr praktische Bedürfnis geleitet, für das kanonische Recht durch Kenntnis des römischen Förderung zu erfahren. Das Ergebnis aber war jedenfalls die Verbreitung der Kenntnis des römischen Rechtes, wie es an den italienischen Universitäten gelehrt wurde, und diese Kenntnis nahm zu, als auch die deutschen Universitäten jenes Recht zu lehren begannen. Und mit der Kenntnis stieg die Wertschätzung dieses Rechtes. Bedenkt man nun, daß der Umschwung in den wirtschaftlichen Verhältnissen, der durch den gesteigerten Geldverkehr und durch den seit der Entdeckung Amerikas und des Seeweges nach Ostindien wachsenden Handel hervorgerufen war, sowohl eine innere Umgestaltung des auf genossenschaftlicher Naturalwirtschaft erwachsenen deutschen Privatrechtes erforderte, namentlich die Abstreifung des jedem jugendlichen Recht eigentümlichen strengen Formalismus, besonders aber die größere Handlungsfreiheit, die selbstsüchtigere Bethätigung des Einzelnen, als auch vor allem statt der unzähligen partikularen Rechte ein einheitliches Recht verlangte, so kann es nicht mehr wundernehmen, daß das römische Recht seinen Einzug hielt, da nach beiden Richtungen hin die Umgestaltung des heimischen Rechtes aus eigener Kraft versagte.

Wir sahen, daß die heimischen Rechtsquellen auf allen Gebieten versiegt waren; namentlich über den Formalismus und das den Einzelnen in seiner Bewegungsfreiheit übermäßig einschränkende genossenschaftliche Privatrecht hat es sich nicht hindurchzuringen vermocht. Die Versuche, ein einheitliches Recht an die Stelle der zahllosen Partikularrechte zu setzen, blieben erfolglos oder reichten doch wenigstens nicht aus. Sie waren allerdings gemacht worden, denn schließlich war die Absicht des Verfassers des „Kaiserrechts", das wir schon erwähnten, darauf gerichtet gewesen, ein allgemeines Recht Deutschlands darzustellen, und die Übernahme des

Rechtes der einen Stadt auf die andere entsprang dem gleichen Bedürfnisse nach einem gemeinsamen Recht. Endlich hatte Nikolaus Cusanus schon im Jahre 1433 dem Baseler Konzil eine Denkschrift überreicht, in der er vorschlug, alle Landrichter sollten das Recht ihres Landes aufzeichnen, und auf Grund dieser Aufzeichnungen sollte ein gemeinsames Gesetz gemacht werden. Leider war dieser Vorschlag nicht von Erfolg begleitet. Wäre er zur Ausführung gekommen, er hätte uns vielleicht die Aufnahme des römischen Rechtes erspart und eine stete volkstümliche Rechtsentwickelung gewahrt. Aber Deutschland war zu tief in Partikularismus zerklüftet, um sich selber ein einheitliches Recht durch einen Gesetzgebungsakt zu schaffen. So ergab sich mit Notwendigkeit die Aufnahme des römischen Rechtes, das gerade das enthielt, dessen man bedurfte: es war ein einheitliches Recht eines hochentwickelten Kulturvolkes, entsprach der wirtschaftlichen Stufe, auf der man angelangt war, und war insbesondere im vollen Gegensatz zum deutschen genossenschaftlich gebundenen Recht ein in hohem Grade individualistisch angelegtes Recht.

Und dennoch, so stark das Bedürfnis nach solchem Rechte war, niemals ist es volkstümlich und wirklich heimisch in Deutschland geworden. Es war ein Unglück, daß seine Aufnahme zugleich mit dem Zeitpunkte zusammenfiel, als im Fortschreiten der auf allen Gebieten eintretenden Arbeitsteilung auch die Rechtskenntnis in vollem Umfange nicht mehr bei dem gesamten Volke war, sondern sich in engere Kreise, die sie berufsmäßig pflegten, zurückzog. Indem diese Kreise sich nun ausschließlich dem fremden Rechte widmeten, wurde die Kluft, die sie vom Volke schied, vergrößert, jede Brücke mit dem Rechtsgefühle des Volkes, aus dem sie eigentlich ihre Kraft ziehen sollten, abgebrochen, und aus dem Gegensatze der Rechtskundigen und Rechtsunkundigen wuchs der Gegensatz der Juristen und Laien, und das Mißtrauen und die Feindschaft des Volkes gegen das ihm aufgezwungene fremde Recht übertrug sich naturgemäß auf die Juristen und die Gerichte. Die Erzeugung dieses Mißtrauens gegen seine Richter im Volke ist aber eine der schlimmsten Früchte, die die Aufnahme des römischen Rechtes gezeitigt hat, und nur schwer und allmählich ist es mit der größeren Nationalisierung des Rechtes wieder zu überwinden gewesen. Schon dadurch aber wurde verhindert, daß das fremde Recht wirklich volkstümlich werden konnte. Es wurde heimisch nur in den Juristenkreisen, nicht bei der großen Masse der Laien. Und zur praktischen Anwendung und Geltung gelangte es nur dadurch, daß es von den zur Rechtspflege berufenen Juristen angewendet wurde an Stelle des heimischen Volksrechtes. Es wurde einfach dem Volk als Beamtenrecht aufgenötigt. Nicht vom Volke aus, sondern von obenher erfolgte seine Annahme, und thatsächlich ist sie niemals tiefer eingedrungen als bis eben in die Juristenkreise.

Den Anfang machten die Kaiser, indem sie den Kleriker zum praktischen Hofjuristen werden ließen. Sie gingen diesen um Rechtsrat an, wo sie selbst als Schiedsrichter oder Richter zu urteilen hatten, und so bildete sich bald eine Behörde aus, die berufen war, den Kaisern Urteilsvorschläge zu machen. Als dann hieraus das Reichskammergericht entstand, wurde es schon zur Hälfte mit Doctores juris besetzt, die schwören mußten, „nach des Reiches gemeinen Rechten" zu richten. Das „gemeine Recht" war aber eben das römische. Diesem Vorgange des kaiserlichen Hofes folgten bald die einzelnen Landesfürsten. Auch diese stellten Doctores juris an ihren Höfen an, um sich ihres Rechtsrates zu versichern, und nicht selten geschah es, daß diese als Schiedsrichter in Rechtsstreitigkeiten gewählt wurden. Als dann schließlich auch bei den Laien das Studium des römischen Rechtes verbreiteter wurde, gelangten Juristen auch als Schöffen in die Volksgerichte, und mit dem landesherrlichen Bestellungsrecht der Richter war vollends der Einfluß der Juristen in der Rechtsprechung gesichert. Die Begünstigung des römischen Rechtes seitens der Fürsten war überdies auch nicht ganz ohne Eigennutz. Denn die staatsrechtliche Stellung, die das römische Recht dem Monarchen gab, sagte ihnen zu. Vor allem aber war es der römische individuelle und unbeschränkte Eigentumsbegriff, der ihren wirtschaftlichen Bedürfnissen wie überhaupt denen der großen Grundbesitzer jener Zeit entsprach, denn seit dem Verfalle des Rittertumes waren die Grundherren wieder auf die Selbstbewirtschaftung ihrer Güter angewiesen, und da es bei dem Überfluß an Arbeitskräften auch nicht mehr wie am Anfang des Mittelalters der Ausleihung bedurfte, um die Bewirtschaftung der Güter überhaupt zu sichern, so entstand das natürliche Bestreben im Gegensatz zu der früheren Zeit, die Güter nicht mehr zu verleihen, sondern zu allodifizieren, die Leihen wieder einzuziehen. Hierbei vermochte aber das römische Recht mit seinem Eigentumsbegriff, der den thatsächlichen bäuerlichen Leiheverhältnissen durchaus widerstrebte, gute Dienste zu leisten. Nirgends mehr als bei den Bauern ist daher auch das fremde Recht verhaßt gewesen, und in ihren Kreisen bildete sich das Sprichwort: „Juristen sind böse Christen.“ Ebenso sträubten sich auch die dem Verfall entgegengehenden Ritter dagegen, und namentlich Ulrich von Hutten verspottete die Juristen.

Selbstverständlich faßte das fremde Recht nicht überall und zu gleicher Zeit Fuß. Am längsten bewahrte das Gebiet, in dem der Sachsenspiegel galt, seine Selbständigkeit und wehrte sich gegen den Einfluß des römischen Rechtes, und die Stadtrechte von Hamburg und Bremen haben noch im 16. Jahrhundert kein römisches Recht. Auch in den übrigen Gebieten erfolgte die Einführung nicht ohne Kampf, und namentlich in Bayern und Württemberg sträubten sich die Landstände dagegen. Aber der Kampf war vergeblich: Machthaber und Wissenschaft zwangen dem Volke das römische Recht auf und damit auch das kanonische Recht und langobardische Lehnrecht. Dieses wurde aus dem rein äußerlichen Grunde mit aufgenommen, weil es auf den italienischen Universitäten gelehrt und mit dem *Corpus juris civilis* verbunden worden war. So schritt denn die Herrschaft der fremden Rechte von Süden nach Norden und von den Städten auf das platte Land langsam und sicher fort, und nur das Gebiet des gemeinen Sachsenrechtes, das der Sachsenspiegel beherrschte, war eine nationale Insel in der Flut des fremden Rechtes.

Die **Folgen des Eindringens der fremden Rechte** zeigten sich fast auf allen Gebieten des einheimischen Rechtes. Wir sahen, daß die genossenschaftliche Natur des deutschen Rechtes es zu einer begrifflichen Scheidung zwischen öffentlichem und privatem Rechte nicht hatte kommen lassen. Während des ganzen Mittelalters war das Privatrecht durch genossenschaftliche Bestandteile öffentlich-rechtlicher Natur gebunden, und nirgends hatte es sich zu einem der Einzelpersönlichkeit volle Freiheit gewährenden Individualrecht ausgebildet. Auf der anderen Seite war das öffentliche Recht wieder mit privatrechtlichen Einrichtungen durchmischt und weit entfernt von der Auffassung des Staates als einer selbständig den Einzelnen gegenüberstehenden Persönlichkeit. Diese **Trennung zwischen öffentlichem Recht und Privatrecht** brachte das römische Recht, ja es führte sie sogar in einer dem deutschen Rechtsgefühle widersprechenden Weise allzuschroff durch, namentlich was die uneingeschränkten Souveränitätsrechte der Fürsten, auf die die Machtbefugnisse römischer Imperatoren übertragen wurden, anlangt.

Im **Privatrechte**, das nun völlig losgelöst war vom öffentlichen Recht, hat die tiefste Einwirkung des fremden Rechtes stattgefunden. Wir sahen, wie langsam das Recht sich von der Religion loslöste, und wie das ganze Mittelalter hindurch noch das Recht nur als ein Teil der Religion aufgefaßt wurde. Ist aber ursprünglich die Form der Gottesverehrung zugleich die der Rechtsprechung und Rechtsbewährung, so ist klar, daß, sowie jene ursprünglich in strengen, althergebrachten Formen und unter Gebrauch bestimmter Symbole erfolgt, auch das Recht von strengen Formen und Symbolen beherrscht wird. In diesen Formen ist zugleich der geistige Gehalt der Rechtsvorschrift selbst enthalten, der ohne jene Formen in seiner Abstraktheit von dem nur zu fühlen und konkret zu denken gewohnten jugendlichen Volke noch nicht zu fassen ist. Weil aber bei den Deutschen das Gefühl vorwiegt, daher auch das Recht seinen jugendlichen Charakter bei ihnen lange bewahrt hat, so ist es auch länger am Formalismus haften geblieben, der es noch bis zum Schlusse des Mittelalters beherrschte. Diesen Formalismus gebrochen und gelehrt zu haben, wie aus der äußeren, unwesentlichen Form der abstrakte Rechtsgedanke herauszuschälen sei, das deutsche Recht aus dem dunkeln Rechtsgefühl in das klare Rechtsbewußtsein übergeleitet zu haben, das ist das unvergängliche Verdienst des römischen Rechtes. Wie es aber die Bande des Formalismus brach, so brach es auch die Bande der genossenschaftlichen Umstrickung. Denn im Gegensatze zum deutschen Rechte war das Charakteristische des römischen Privatrechtes der Individualismus, die begrifflich unbeschränkte Freiheit des Einzelwillens sowohl in vermögensrechtlicher als familienrechtlicher Beziehung, unantastbar für den Eingriff der Gesamtheit, ein wahres Privatrecht.

Im Strafrecht, das durch das Christentum längst erheblich beeinflußt worden war, wie wir gesehen haben, erfolgte das Eindringen des römischen Rechtes später und langsamer als im Privatrecht, und auch hier war es wieder der Norden, der sich von seinem Einflusse freihielt. Im wesentlichen bewirkte sein Eindringen eine Verschärfung der Strafen, wobei es freilich dem scheinbaren Bedürfnisse der Zeit, das hierdurch der Verwilderung der Sitten entgegentreten zu müssen glaubte, entgegenkam. Wie sinnlos aber mitunter einzelne Stadtrechte das fremde Recht übernahmen, erhellt daraus, daß z. B. vom Brünner Schöffenbuch Strafen wie die der Deportation auf eine Insel für Zeit oder lebenslang, Verbannung in der Form der ignis et aquae interdictio, Vorwerfen an wilde Tiere und anderes mit übernommen wurden. Mit der Scheidung des privaten vom öffentlichen Rechte kam ferner auch die Anerkennung der öffentlichen Natur des Strafrechtes mehr und mehr zum Durchbruch, und eine Folge hiervon war insbesondere die Beschränkung der Möglichkeit, sich von der Strafe loszukaufen. Ebenfalls eine Folge der Anerkennung der öffentlich-rechtlichen Natur und zugleich der staatsrechtlichen römischen Auffassung von der Stellung des Fürsten war die Aufnahme der römischen Grundsätze über die Begnadigung durch den Fürsten und des dem deutschen Rechte völlig fremden Gedankens, daß der Fürst außerhalb allen Strafrechtes stehe, der Regel: princeps legibus solutus est. Aber auch neue Verbrechensbegriffe, wie namentlich der des Betruges (stellionatus), verdanken dem römischen Recht ihre Einführung.

Mit dem materiellen Rechte wurde auch das Prozeßrecht übernommen, besonders der italienische Zivilprozeß durch Vermittelung der geistlichen Gerichte Deutschlands, auch hier aber wieder nur in den süd- und westdeutschen Gebieten, während in den Gebieten Sachsens und Brandenburgs, dem Gebiete des sächsischen Rechtes, der alte deutsche Prozeß sich aus eigener Kraft umzubilden begann und auch später, im 16. Jahrhundert, nicht schlechthin den italienischen Prozeß aufnahm, sondern mit sich unter Abstoßung der fremden Bestandteile zu einem neuen verarbeitete. Im Süden und Westen dagegen war man weniger widerstandsfähig und nahm schon seit der Mitte des 14. Jahrhunderts kritiklos den italienischen Prozeß auf. Es kann hier nicht auf die Einzelheiten der Unterschiede zwischen deutschem und italienischem Prozeß eingegangen werden. Nur das sei hervorgehoben, daß er sich in den italienischen Städten mit der Vermischung des römischen und altgermanischen Prozesses dahin ausgebildet hatte, daß dem Richter, wie im römischen Prozeß, die freie, thatsächliche und rechtliche Würdigung des Klaganspruchs ermöglicht wurde, er aber, wie im germanischen Prozeß, dabei an geregelte Formen des Verfahrens gebunden war.

Im Strafprozeß hatte sich die dem kanonischen Strafprozeß entnommene Inquisitionsform und Eröffnung der Untersuchung von amtswegen an Stelle der germanischen Privatanklage des Verletzten allmählich Bahn gebrochen, zugleich aber auch mit dem Zusammenbrechen der altgermanischen Beweismittel war das Erfordernis des Geständnisses aufgetreten, und mit ihm wurde aus dem römischen Strafprozesse die Folter entnommen. Diese beherrschte von nun ab den gesamten Prozeß und wurde gleichsam die Nachfolgerin der altgermanischen Gottesurteile. Es ist nicht zu verkennen, daß zwischen beiden ein gewisser Zusammenhang besteht; wir haben schon früher darauf hingewiesen.

So brachte denn auf allen Gebieten des Rechtes das eindringende römische Recht tiefgreifende Umänderungen, und es gelangten Rechtsgrundsätze und Verfahrensarten zur Anwendung, die dem Volke fremd waren und vielfach seinem Gefühle widersprachen. Es kann daher nicht wundernehmen, daß anfänglich das eindringende fremde Recht den ohnedies zerrütteten Rechtszustand nur noch mehr erschütterte, und daß das Heilmittel, das man anwenden zu müssen glaubte, nur die Krankheit verschlimmerte. Die Gabe war jedenfalls zu groß gewesen, und es bedurfte nachmals langer Zeit, die als Gift wirkende allzureichliche Gabe wieder auszuscheiden. In diesem Zustande der Anarchie auf dem Gebiete des Rechtes machte sich das Fehlen einer kräftigen Zentralgewalt doppelt fühlbar, und der Partikularismus, der Fluch der Deutschen, der die unerquicklichen rechtlichen Zustände verschuldet hatte, hinderte zugleich die kräftige Überwindung der Krankheit. Indem er sie verlängerte, verzögerte er die Erweckung des Nationalgefühls und damit die Verarbeitung und Anpassung des fremden Rechtes und die baldige Ausstoßung seiner dem deutschen Volkstume nicht entsprechenden Bestandteile. Gerade dort, wo sich der Einfluß des römischen Rechtes am stärksten geltend machte, versagte ganz die Reichsgesetzgebung, die berufen gewesen wäre, es dem heimischen Recht anzupassen: im Privatrecht. Über einzelne Bestimmungen über Vormundschaftswesen, Erbrecht, Zinsfuß, Rentenkauf ist sie nicht hinausgekommen. Deshalb sahen sich die einzelnen Städte und Länder genötigt, diese Ausgleichung des römischen und deutschen Rechtes von sich aus vorzunehmen. Diesem Streben dienten namentlich die sogenannten Stadtrechtsreformationen, von denen die Nürnberger vom Jahre 1479 den ersten erfolgreichen Versuch machte. Ferner entstehen als Vorläufer für künftige Kodifikationen die Tiroler Landesordnungen vom Jahre 1532 und 1572, das Württemberger Landrecht vom Jahre 1515, die Landeskonstitution des Kurfürsten August von Sachsen vom Jahre 1572, die kursächsischen Decisionen von 1661 und die Codices Maximilianei Bavarici 1751—56. Sie alle verfolgten den Zweck, das römische Recht mit dem heimischen auszugleichen und ihm gesetzliche Geltung zu schaffen. Durch alles dies aber entstanden naturgemäß wieder ebenso viele Partikularrechte, und da sie keine Kodifikationen des Rechtes waren, das römische Recht vielmehr aushilfsweise noch fortbestand, so vermehrten diese Gesetze die Buntheit der geltenden Rechte.

Besser war schon die Thätigkeit der Reichsgesetzgebung für das Gerichtsverfahren und den Zivilprozeß, indem verschiedene Kammergerichtsordnungen, deren wichtigste die von Augsburg aus dem Jahre 1555 war, vor dem Reichskammergericht und dem Reichshofrat den italienischen Prozeß ausdrücklich einführten, auch insofern fortbildend wirkten, als sie für größere Zusammendrängung des Prozeßstoffes und die Herrschaft der Schriftlichkeit eintraten. Hiermit war freilich zugleich der Grundsatz der Öffentlichkeit, der den germanischen Prozeß kennzeichnete, verlassen, und an dessen Stelle trat die den Deutschen mit Mißtrauen erfüllende Heimlichkeit des Prozesses. Das Gleiche gilt für den Strafprozeß mit seinem amtlichen Untersuchungsverfahren und der die Öffentlichkeit von selber ausschließenden Tortur. So kam immer mehr zusammen, um das fremde Recht dem Volke verhaßt zu machen und sein Heimischwerden zu verhindern. Hat doch der des Schreibens unkundige gemeine Mann ohnedies ein natürliches Mißtrauen gegen das Geschriebene.

Nur auf dem Gebiete des Strafrechtes und des Strafprozesses erfüllte das Reich seine Aufgabe, wenn auch nur durch Aneignung eines bereits vorhandenen Gesetzgebungswerkes. Hier war freilich auch das Bedürfnis am dringendsten, und mit der Erkenntnis der öffentlichen Natur des Strafrechtes sprang hier die Pflicht der Reichsgewalt am stärksten in die Augen. Beim Reichskammergerichte waren längst Klagen über die Willkür der Strafrechtspflege angebracht worden, und verschiedene Reichstage hatten sich schon mit ihnen beschäftigt. Endlich nahm sich der Wormser Reichstag vom Jahre 1521, der erste, den Karl V. abhielt, der Sache an und setzte einen Ausschuß ein, der einen Entwurf einer peinlichen Gerichtsordnung ausarbeiten sollte. Der Ausschuß machte sich die Sache leicht und legte noch im selben Jahre als Entwurf die Bamberger Halsgerichtsordnung von 1507 vor. Diese unter dem Namen der „Bambergensis" bekannte Gerichtsordnung hatte der Landhofmeister des Bischofs Georg von Bamberg, der Freiherr Johann von Schwarzenberg und Hohenlandsberg, ausgearbeitet, und sie hatte nach Inhalt und Form so allgemeine Anerkennung gefunden, daß sie später der Markgraf Georg von Brandenburg, als Schwarzenberg bei diesem ebenfalls Landhofmeister geworden war, in seinen fränkischen Besitzungen als Gesetz einführte. Als solche wird sie die „Brandenburgensis" genannt.

Schwarzenberg, der ursprünglich keine gelehrte Bildung erhalten und in seiner Jugend weidlich ausgetobt hatte, war ein eifriger Anhänger der sittlichen und religiösen Erhebung des Volkes geworden und völlig in den humanistischen Bestrebungen seiner Zeit aufgegangen. Eine Frucht dieser in reicher litterarischer Thätigkeit sich kundgebenden Bestrebungen war seine Halsgerichtsordnung; deshalb wird eben hierdurch der Zusammenhang der Aufnahme des römischen Rechtes mit dem universellen Humanismus jener Zeit recht deutlich. Auf den Reichstagen wurde die „Bambergensis" zunächst mehrfach umgearbeitet, das Ergebnis war aber schließlich ihre fast unveränderte Annahme auf dem Reichstage zu Regensburg vom Jahre 1532. Sie wurde veröffentlicht als „des allerdurchlauchtigsten großmechtigsten vnüberwindlichsten Kaysers Karls des fünfften vnd des heylichen Römischen Reichs peinlich gerichts ordnung auff den Reichßtägen zu Augspurgk vnd Regenspurgk inn jaren dreissig vnd zwey vnd dreissig gehalten, aufgericht vnd beschlossen". (S. die beigeheftete Tafel „Eine Seite aus der ‚Carolina'".) Freilich unumschränkt geltendes Reichsgesetz wurde auch die „Carolina", wie sie genannt wurde, nicht, dazu war der Partikularismus zu mächtig. Da mehrere Reichsstände, insbesondere Sachsen, das sich vom römischen Recht am meisten freigehalten und seinen alten Sachsenspiegel bewahrt hatte, Widerspruch erhoben, wurde sie nur mit der sogenannten clausula salvatoria erlassen: „Doch wollen wir durch obgemeldte ordnung churfürsten, fürsten und ständen an ihren alten wohlhergebrachten rechtmäßigen und billigen gebräuchen nichts benommen haben." So war es nicht die Macht des Reiches, die der Carolina Geltung verschaffte, sondern sie war auf ihren eigenen inneren Wert angewiesen. Dieser aber hat ihr bald mehr Nachachtung verschafft, als Kaiser und Reich es konnten.

Mit der Carolina war die Aufnahme des römischen Strafrechtes und Strafprozesses entschieden. Ihre Entstehung verdankt sie eben dem Umstande, daß „im römischen Reich deutscher

Merck die nachfolgenden Beschlüß einer jeden Vrtheyl.

Zum Feuwer.

Mit dem Feuwer vom Leben zum Todt gestrafft werden soll.

Zum Schwerdt.

Mit dem Schwerdt vom Leben zum Todt gestrafft werden soll.

Zu der Viertheylung.

Durch seinen gantzen Leib in vier stücken zerschnitten vnd zerhauwen/vnd also zum Todt gestrafft werden soll/ vnnd sollen solche vier Theil auff gemeine vier Wegstrassen offentlich gehangen vnd gesteckt werden.

Zum Rade.

Mit dem Rade durch zerstossung seiner Glieder/ vom Leben zum Todt gericht/vnd fürter offentlich darauff gelegt werden soll.

Zum Galgen.

An dem Galgen mit dem Strang oder Ketten/ vom Leben zum Todt gericht werden.

Zum Ertrencken.

Mit dem Wasser vom Leben zum Todt gestrafft werden soll.

Vom Lebendigen Vergraben.

Lebendig vergraben vnd gepfält werden soll.

Vom Schleiffen.

CXCIII. WO durch die vorgemeldten endlichen Vrtheil einer zum Todt erkennt/ beschlossen würde/ daß der Vbelthäter an die Richtstatt geschleifft werden soll/ so sollen die nachfolgenden Wörtlin an der andern Vrtheyl/ wie obstehet/ auch hangen/ also lautend: Vnd soll darzu auff die Richtstatt durch die vnvernünfftigen Thier geschleifft werden.

Vom Reissen mit glüenden Zangen.

CXCIIII. WVrde aber beschlossen/ daß die verurtheylte Person vor der Tödtung mit glüenden Zangen gerissen werden solt/ so sollen die nachfolgenden Wörter weiter in der Vrtheyl stehen/ also lautend: Vnd soll darzu vor der endlichen Tödtung offentlich auff einem Wagen/ biß zu der Richtstatt/ vmbgeführt/ vnd der Leib mit glüenden Zangen gerissen werden/ nemlich mit N. grieffen.

Eine Seite aus der „Carolina", der peinlichen Gerichtsordnung Kaiser Karls V.

Nach der Frankfurter Ausgabe vom Jahre 1587 in der Universitätsbibliothek zu Leipzig.

In der letzten Zeile bezeichnet das N vor grieffen die Zahl der Zangengriffe, die im einzelnen Falle in das Urteil eingesetzt werden sollte.

Nation altem Gebrauch und Herkommen nach die meysten Gericht mit Personen, die unser Kayserliche Recht nit gelehrt, erfarn oder Ubung haben besetzt worden", und um deren „Unbegrifflichkeit" abzuhelfen, sollte die Gerichtsordnung dienen. Sie sollte also den ungelehrten Schöffen das fremde Recht vermitteln. Dieses allein aber sollte Geltung haben, denn die so besetzten Gerichte wurden angewiesen, in allen zweifelhaften Fällen bei ihren Oberhöfen und Oberkeiten, also bei den Juristen, Rats zu holen, bevor sie das Urteil sprachen. Hiermit war der Grund für die Aktenversendung gelegt, und eine weitere Folge davon war, daß die Schriftlichkeit des Verfahrens ausgedehnt und die Unmittelbarkeit der Rechtsprechung mit der Öffentlichkeit beseitigt wurde. Der durch die Carolina eingeführte Strafprozeß war in allem das Gegenstück zu dem altgermanischen. Neben die Anklage des Verletzten trat die von amtswegen eingeleitete Untersuchung und beherrschte thatsächlich das ganze Verfahren.

Damit wurde aber zugleich der Grundsatz der Erforschung materieller Wahrheit durch den Richter eingeführt. Dies war dem germanischen Prozesse ganz fremd. Denn Thatbestandserforschung hatte der germanische Richter überhaupt nicht vorzunehmen, den Beweis führten in rein formeller Weise durch Eid oder Gottesurteil die Parteien, und nicht die Glaubwürdigkeit der behaupteten Thatsachen der Partei an sich, sondern die Vertrauenswürdigkeit des Behauptenden, die sich in der Anzahl der Eideshelfer kundgab, entschied. Zeugenbeweis war ihm fremd. Dagegen war die Thatbestandserforschung des Richters in der Carolina insofern beschränkt, als der Beweis durch Indizien ausgeschlossen war. Die Überführung konnte nur erfolgen „mit zweien oder dreien glaubhaften guten Zeugen" oder durch glaubhaftes Geständnis. Und zur Erzielung dieses diente eben die Folter, die deshalb zum Mittelpunkte des ganzen Verfahrens wurde, denn professio est regina probatio. An den späteren Auswüchsen, die die Anwendung der Folter mit sich brachte, trägt aber die Carolina keine Schuld. Denn diese schränkte ihre Anwendung und ihre Bedeutung insofern ein, als sie nur bei dringendem Verdachte zugelassen wurde, und bestimmte: „und ob gleichwol aus der Marter die Missethat bekannt würde, so soll doch der nicht geglaubt noch jemand darauf verurteilt werden", es sei denn, daß es zufolge der bereits vorhandenen Verdachtsumstände glaubhaft war. Wie wenig diese Beschränkung freilich innegehalten worden ist, und wie verderblich die Anwendung der Folter gewirkt hat, dafür sind die Hexenprozesse, deren wir bereits Erwähnung thaten, ein sprechendes Beispiel.

So war denn das fremde Recht auf allen Gebieten zu mehr oder weniger ausschließlicher Herrschaft gelangt. Aber, wie wir schon früher betonten, volkstümlich wurde es nicht, es war und blieb dem Volke ein fremdes Recht, ein gelehrtes Recht. Und wie konnte es auch von einem in fremder Sprache geschriebenen, auf den Universitäten in fremder Sprache gelehrtem Rechte anders sein. Hierzu kam, daß nach dem Dreißigjährigen Kriege zunächst überhaupt die Lebenskraft des deutschen Volkes erschöpft war, und mit ihr die Kraft, das fremde Recht seinem Volkstum gemäß umzugestalten und sich anzueignen. Wie es ihm von vornherein fremd war, so überließ es nun auch den Gelehrten und Juristen das Recht und dessen Fortbildung ausschließlich. So wurde es zunächst der Einwirkung des Volkstums entzogen und teilte die Bewegung der Wissenschaft, deren Sphären allein es noch anzugehören schien. Es währte lange, bis diese sich zu einer freieren Beurteilung des römischen Rechtes erhob. Anders als in Frankreich, wo, gestützt auf die Arbeiten von Cujacius, der Rechtsgelehrte Dumoulin, ebenso kundig des römischen Rechtes wie der Landesrechte und Coutumes, und Bodin eine enge Verbindung und Durchdringung des fremden und einheimischen Rechtes herbeiführten, brachte die deutsche Rechtswissenschaft in ihrer

Überschätzung des römischen Rechtes nur notdürftig einen äußerlichen Ausgleich zustande, keine innere Verschmelzung. Und daß jenes möglich war, beruhte ebenfalls weniger auf ihrem Verdienst, als darauf, daß an den italienischen Rechtsschulen nicht das klassische römische Recht, sondern bereits ein durch germanische Einflüsse umgebildetes Recht gelehrt wurde. Derselbe universelle Zug der deutschen Wissenschaft aber, der einst die Aufnahme des fremden Rechtes gefördert hatte, sollte nun auch den Anstoß zur Befreiung von ihm geben: die Ausbildung und Erstarkung des Naturrechtes.

War es die den Deutschen innewohnende Auffassung des göttlichen Ursprungs alles Rechtes und die jener Auffassung gemäße Durchdringung des Rechtes mit der Religion, die das Naturrecht und damit das römische Recht zur Geltung kommen ließ, so mußte notwendig ein Wandel in der Auffassung der Religion und von Gott auf die Auffassung über das Wesen des Naturrechtes zurückwirken und damit zugleich auf die Auffassung über die Stellung des römischen Rechtes, das seinem angeblichen Nahekommen an das naturrechtliche Ideal eben die Wertschätzung verdankte. Diesen Wandel brachte aber die Zeit der Aufklärung, des sogenannten Rationalismus, und damit war der Einfluß der Philosophie auf das Recht an Stelle der Religion gegeben. Die bedeutendsten Philosophen jener Zeit arbeiteten an der Umbildung und Ausbildung der Auffassung des Naturrechtes. So lehrte, angeregt durch Hugo Grotius und Hobbes, die im Vertrag den Ursprung des Staates sahen und die Vernunft als die Herrscherin im Staate hinstellten, schon Pufendorf (1632—94), daß die allgemeinen Rechtssätze aus der Vernunft und der menschlichen Natur nicht von einem göttlichen Willen, einer Offenbarung herzuleiten seien. Ebenso durchdrang der geniale Leibniz (1646—1716), dessen Berufswissenschaft die Jurisprudenz war, und der in seiner universellen Philosophie ein der Vernunft gemäßes Christentum erstrebte, die Rechtswissenschaft mit reformatorischen Ideen. Besonders aber kämpfte der von der Leipziger Universität nach Halle vertriebene Thomasius (1654—1728) gegen die alte mittelalterliche Scholastik und Pedanterie an, und auch er leitete, wie Pufendorf und Grotius, das Naturrecht aus der angebornen sittlichen Anlage des Menschen, nicht aus der Offenbarung her. Endlich entwickelte Kant in seiner Metaphysik der Sitten sein System der reinen Begriffe der praktischen Vernunft. Und wie die Wissenschaft, so ergriff die Aufklärung später auch das Volk, und gerade die rationalistische Auffassung des Naturrechtes wurde leidenschaftlich erfaßt. Das läßt die Wirkung erkennen, die Rousseaus „Contrat Social“ hatte, und auch die ersten Dramen Schillers, die „Räuber“ und „Don Karlos“, spiegeln die naturrechtlichen Ideen wider. „Vom Rechte, das mit uns geboren ist“, ist nun überall die Rede.

Indem man aber die Vernunft als oberste und einzige Quelle alles Rechtes hinstellte, huldigte man in gleicher Weise dem universellen Zuge, wie bei der Ableitung alles Rechtes von Gott. Denn damit löste man das Recht von jeder geschichtlichen Entwickelung und vom Leben des einzelnen Volkes ab und glaubte, wie ehemals eine Weltreligion, so nun eine Weltphilosophie und ein Weltrecht, ein der ganzen Menschheit gemeinsames, lediglich aus der Vernunft ableitbares Recht finden zu können. Während die französische Revolution von Grund aus die praktische Folgerung dieser Anschauungen zog, waren sie in Deutschland doch ebenfalls mächtig genug, um die Entwickelung des Rechtes zu beeinflussen. Nur daß die Bewegung sich hier des aufgeklärten Absolutismus der Fürsten bediente und mit deren Hilfe Gesetze, in denen die naturrechtliche Auffassung herrschte, zustande brachten. Wie das fremde Recht dem Volke von oben her aufgezwungen worden war, so ging auch von Wissenschaft und Regierung der Anstoß zur Befreiung aus. So ist denn auch das bedeutendste Gesetzgebungswerk, das die naturrechtlichen Gesichtspunkte zur Geltung brachte und den Glanzpunkt der naturrechtlichen Schule überhaupt darstellt, unter dem aufgeklärtesten Fürsten seiner Zeit, dem Großen Friedrich, geschaffen worden: das im Jahre 1794 veröffentlichte allgemeine preußische Landrecht. Während dieses aber in weiser Berücksichtigung der sozialen und wirtschaftlichen Zustände des Volkes immer noch auf dem Boden des geschichtlich gewordenen Rechtes fußte, huldigte die Gesetzgebung Josephs II. für Österreich 1787 und 1788 den äußersten naturrechtlichen Lehren, um damit zu scheitern. Als Ausläufer der naturrechtlichen Ansichten ist endlich auch das von Feuerbach verfaßte Bayrische Strafgesetzbuch von 1813 zu bezeichnen, das auch von Oldenburg angenommen wurde.

Die Wirkung, die die naturrechtliche Bewegung hinterließ, kann nicht hoch genug angeschlagen werden. Denn indem die scharfe Scheidung, die durch die Aufklärungszeit zwischen Religion und Wissenschaft, auf Bacon fußend, gemacht worden war, auch die Auffassung des Naturrechtes ergriff und dieses allein auf die menschliche Vernunft abstellte, wurde endgültig die dem religiösen Zuge der Deutschen entsprechende, das Recht aber auf einer jugendlichen Stufe zurückhaltende Gebundenheit und Verschmelzung von Religion und Recht überwunden, zugleich auch dem römischen Rechte gegenüber der notwendige unbefangene und freie Standpunkt gewonnen, den bis dahin die sklavisch der Herrschaft des römischen Rechtes als dem Rechte schlechthin sich beugende mittelalterliche Scholastik nicht hatte. Damit war zugleich die Möglichkeit geschaffen, einerseits die den fortgeschrittenen Bedürfnissen entsprechenden römisch-rechtlichen Bestimmungen als naturrechtliche wirklich volkstümlich zu machen, da von der naturrechtlichen Bewegung auch das Volk ergriffen war, auf der anderen Seite aber auch die der naturrechtlichen Auffassung nicht entsprechenden Bestimmungen des römischen Rechtes wieder auszuscheiden. Diese Ausscheidung wurde zugleich zum Vorteile des deutschen Rechtes. Denn vieles, was man als Grundsätze und Ergebnisse der reinen Vernunft und als Naturrecht zu finden glaubte, erweist sich thatsächlich bei näherem Zusehen als alte germanische Rechtsidee. Es kann eben niemand aus seiner Haut heraus, und im Glauben, aus der reinen Vernunft ein Menschheitsrecht zu finden, fand man, da es eben die Vernunft von Deutschen war, die sich bethätigte, das, was man schon besessen hatte: nämlich das vom deutschen Volkstume bereits gebildete Recht. Nur daß die Vernunft, die als Rechtsbildnerin auftrat, nunmehr in der Schule des entwickelteren und formvollendeteren römischen Rechtes gebildet worden war.

Während das Naturrecht die durch das römische Recht gebrachte, dem germanischen Rechte fremde Scheidung zwischen öffentlichem und privatem Rechte zunächst weiter ausbildete, kam es doch dem germanischen Rechtsgedanken anderseits insoweit entgegen, daß es auch das öffentliche Recht als gleichwertig mit dem Privatrecht anerkannte und den Staat als einen Rechtsstaat auffaßte, in dem die Beziehungen der Gesamtheit zum Einzelnen nicht der souveränen Willkür der Gesamtheit überlassen, sondern rechtlich geordnet und geschützt waren. Hierdurch aber wurde sowohl die Freiheit des Einzelnen als „angeborenes Menschenrecht“ auch gegenüber der Staatsgewalt ebenso rechtlich anerkannt, wie umgekehrt dem Staate eine unantastbare souveräne Gewalt beigelegt. Und während es einerseits die ständische und genossenschaftliche Gliederung und Gebundenheit zu gunsten der Freiheit des Einzelnen zerbrach, kam es doch anderseits dem germanischen Genossenschaftsbedürfnisse dadurch wieder entgegen, daß es als unveräußerliches Freiheitsrecht des Einzelnen das Recht der freien Genossenschaftsbildung anerkannte. Im Privatrechte förderte es ebenfalls die Befreiung des Einzelnen und des Eigentums von der germanischen genossenschaftlichen Gebundenheit. Und doch betonte es auch hier gegenüber dem römischen

Rechte wieder die sittliche Gebundenheit des Familienrechtes und die öffentlich-rechtliche und soziale Seite des Privateigentums.

Im Strafrecht äußerte sich die neue Geistesrichtung oft in übertriebener weichlicher Humanität und philanthropisch-kosmopolitischer Schwärmerei, doch brachte sie immerhin die notwendige Milderung der Strafen. Manche Strafarten kommen nun ganz außer Gebrauch, wie Ertränken, Vierteilen, Lebendigbegraben, Rädern. Überhaupt werden alle verstümmelnden Strafen abgeschafft, und an deren Stelle tritt die Freiheitsstrafe. Maßgebend hierfür wurden namentlich auch die verschiedenen auftauchenden Strafrechtslehren, von denen hier nur die Wiedervergeltungstheorie, die Abschreckungstheorie, die psychologische Zwangstheorie und die Besserungstheorie erwähnt seien. Bei den Verbrechen besonders wird scharf das Recht von Moral und Religion auseinandergehalten, und so scheidet eine ganze Reihe bisher als Verbrechen angesehener Handlungen aus dem Strafrecht überhaupt aus, wie Selbstmord, Gotteslästerung, Incest und andere, oder sie werden doch von einem wesentlich milderen und natürlicheren Gesichtspunkt aus betrachtet, wie Kindesmord, Selbstbefreiung der Gefangenen. Im Strafprozeß aber fiel die Tortur, gegen die schon Thomasius vergeblich angekämpft hatte, weg, und zwar war der erste, der ihre Abschaffung verfügte, der Markgraf Karl Friedrich von Baden. Diese ganze Zeit aber umfaßt die sechste Periode der deutschen Rechtsentwickelung.

7. Die Rechtseinheit und das Volkstümliche im Recht.

Nun treten wir ein in die siebente und jüngste Entwickelungsperiode unseres Rechtes. Wir haben es verfolgt von seiner Kindheit ab. Es hat eine lange Jugend erlebt, denn langsam ist, wie wir sahen, die äußere und innere Entwickelung vor sich gegangen, und bis zum Ausgange des Mittelalters hat es seinen jugendlichen Charakter bewahrt. Wie alle Lebensäußerungen der Kindheit mehr Bethätigungen des Gefühles als des Verstandes sind, mehr triebartig als aus bewußter Überlegung erfolgen, so war auch bei dem jugendlichen Rechte der Deutschen in erster Linie das Gefühl das rechtbildende Element, um so mehr, als bei den Deutschen überhaupt das Gefühl die stärkste Seelenkraft ist und schon deshalb von ihm das Recht am meisten beeinflußt werden mußte. Und wie die Eigenart der Gefühle den Charakter des Menschen bildet, so gestalten die Gefühle des deutschen Volkes sein Recht, und in ihm spiegelt sich das ganze Wesen wider. So wirkte in erster Linie das Gefühl der Zusammengehörigkeit der engeren und weiteren Blutsverwandten, das sich zur genossenschaftlichen Neigung ausbildete, auf die Erzeugung des Rechtes ein, so finden wir das religiöse Gefühl, das sittliche Gefühl, aber auch die Kampfeslust ebenso wie die heiteren und sinnigen Züge des deutschen Wesens überall durchblicken.

Auch die Flegeljahre haben dem jugendlichen deutschen Rechte nicht gefehlt. Denn da es sich in ungehemmter Freiheit, undiszipliniert und nicht von einer starken Zentralgewalt nach einheitlichem Gesichtspunkte geleitet wie ein Naturkind entwickelte, nur seinen eigenen Neigungen und Trieben folgend, brachte es zwar seine frische Natürlichkeit zur schönsten Entfaltung, vermochte aber auch nicht die schädlichen Triebe im Zaum zu halten und verlor sich daher bald, indem es dem genossenschaftlichen Zuge allzusehr nachgab, in engherzigen Partikularismus, so daß seine Lebenskraft zersplittert und vergeudet wurde und dem Versiegen nahe kam. Strenge mußten daher auch die Lehrjahre werden, die es unter der Zucht des römischen Rechtes zu erdulden hatte. Und als es dann der Schule entwachsen war, da kam, wie so oft beim deutschen Jüngling, die Zeit des Idealismus, des philanthropischen und kosmopolitischen Schwärmens, verbunden mit Skeptizismus; das alles finden wir in der Zeit der Aufklärungsperiode und des rationalistischen Naturrechtes wieder. Dann aber kommt die Zeit der Reife, der Sammlung, des Besinnens auf sich selbst und des Bewußtseins seiner vollen Persönlichkeit. An Stelle der Gefühle löst der Verstand die Handlungen aus, wenn er auch jenen ihr Recht läßt. Und diese Zeit der männlichen Reife und Zusammenfassung der Kräfte bezeichnet die heutige Entwickelungsstufe des deutschen Rechtes.

Wie das deutsche Volk nach den Befreiungskriegen nach Einheit und Deutschtum strebte, so war nun auch sein erstes Ziel die Rechtseinheit. Zunächst von der Wissenschaft gefordert und namentlich von Thibaut für das Privatrecht vertreten, ergriff die Bewegung von 1848 die Aufgabe und schuf für ganz Deutschland wenigstens auf dem Gebiete, wo es der Verkehr am dringendsten verlangte, die Rechtseinheit durch die vom Reichsverweser Johann veröffentlichte Wechselordnung und durch das deutsche Handelsgesetzbuch. Weitergehende Entwürfe für ein gesamtes einheitliches Forderungsrecht scheiterten freilich zunächst noch an der Ohnmacht des Deutschen Bundes, so daß einzelne Staaten, um dem modernen Bedürfnisse zu genügen, ihrerseits einstweilen Kodifikationen ihres Rechtes vornehmen mußten, wie z. B. Sachsen durch sein Bürgerliches Gesetzbuch von 1864. Endlich aber brachte die Gründung des Norddeutschen Bundes und bald darauf des Deutschen Reiches dem deutschen Volke das, was ihm so lange gefehlt hatte: die ersehnte politische Einheit, mit der nun auch eine einheitliche, kräftig fließende Quelle für das gemeine Recht geschaffen war. Aus ihr sind bereits ein gemeinschaftliches Strafgesetzbuch, gemeinschaftliche Prozeßgesetze und nun auch ein gemeines deutsches Bürgerliches Gesetzbuch, der vielen anderen gemeinschaftlichen Gesetze nicht zu gedenken, hervorgegangen.

Neben das Streben nach Rechtseinheit tritt aber ebenso kräftig das Streben nach Deutschtum im Recht. Schon in der naturrechtlichen Schule zeigt sich die Morgenröte des wiedererwachenden Nationalgefühles. Gerade Thomasius war es, der, wie er der deutschen Sprache Eingang in die Lehrsäle der Universität verschaffte und sie an Stelle des Latein auch für wissenschaftliche Abhandlungen verwendete, auch die Abschaffung verschiedener römisch-rechtlicher Einrichtungen zu gunsten des deutschen Rechtes forderte. So verlangte er Wiedereinführung der ausschließlichen gesetzlichen Erbfolge und Abschaffung des römischen Testamentes. Und denselben Bestrebungen huldigten Boehmer und Wolff. Vor allem aber war es dann die die naturrechtliche Schule ablösende, durch Savigny begründete historische Schule, die Ursache zur Wiedererweckung des volkstümlichen Rechtes wurde. Es ward einerseits durch sie die Erkenntnis des römischen Rechtes tiefer und eingehender, und vor allem wurde das wahre klassische römische Recht aus dem angenommenen Rechte der italienischen Rechtsschulen herausgeschält, anderseits aber wurde auch das deutsche Recht nunmehr genauer erforscht, und so entstand eine germanistische und romanistische Wissenschaft.

Noch einmal freilich machte sich jetzt der universelle und dem Volkstume feindliche Zug der deutschen Rechtswissenschaft geltend, indem in einem letzten Aufflackern die romanistische Wissenschaft wenigstens für das Privatrecht den Sieg davonzutragen schien und auf die Rechtspflege zu maßgebendem Einflusse gelangte. Denn sie versuchte nunmehr an Stelle des durch germanische Elemente abgewandelten italienischen aufgenommenen Rechtes das geläuterte klassische römische Recht zu setzen, immer in der Überzeugung, daß dies eben das reine Recht sei. Eine letzte Wirkung hiervon war noch der völlig verfehlte, ganz romanistische erste Entwurf des deutschen Bürgerlichen Gesetzbuches, namentlich hinsichtlich des Forderungsrechtes. Auf der anderen Seite ging auch die germanistische Schule zu weit, indem sie das alte deutsche Recht schlechthin wieder zur Geltung bringen wollte, ohne Rücksicht darauf, ob es in jeder Form noch lebensfähig sei, und ob die modernen Bedürfnisse nicht eine Abwandlung des Rechtes in römisch-rechtlichem Sinne vielfach mit Notwendigkeit heischten.

Aber auch im Volk und bei den Regierungen tritt das Streben nach Umgestaltung des Rechtes in volkstümlichem, deutschem Sinne hervor. Ermöglicht wurde die Durchführung dieses Strebens eben durch die dem altgermanischen Wesen entsprechende Wiederbeteiligung des Volkes an der Gesetzgebung, Verwaltung und Rechtsprechung, und so hat denn das wiedererwachte deutsche Nationalgefühl auch eine neue Blüte volkstümlichen Rechtes geschaffen, das die erforderliche Umformung, die das römische Recht ihm brachte, sich zu eigen gemacht hat, soweit es seinem Wesen entsprach, die fremden Bestandteile aber auszustoßen begann.

Fragen wir uns nun zum Schluß, was wirklich deutsch in unserem heute geltenden Rechte ist, und in welcher Weise die Entwickelung unseres Rechtes gefördert werden muß, um ein gesundes volkstümliches Recht zu schaffen, so ergibt sich die Antwort aus unseren bisherigen Ausführungen von selbst. Wir haben die verschiedenen Charakterzüge des deutschen Volkstums hervorgehoben und vom Beginn der Rechtsentwickelung an verfolgt, wie sie gestaltend auf das deutsche Recht eingewirkt haben. Deutsch ist demnach das Recht, das den einen und den anderen jener Züge in sich aufgenommen hat, das in seinem Wesen den hervorgehobenen Eigenschaften des deutschen Volkes entspricht. Undeutsch aber muß alles Recht erscheinen, das mit jenen Charakterzügen nicht in Einklang zu bringen ist und ihnen feindlich gegenübersteht. Eine nationale Rechtsentwickelung wird daher nach der Richtung hin zu erfolgen haben, die jenen hervorgehobenen Zügen und Eigenschaften, die sich als rechtsbildend bekundet haben, entsprechen. Aus der Geschichte wird zugleich aber zu lernen sein, daß die Übertreibung nach der einen oder anderen Richtung schädlich auf das ganze Recht wirkt, und daß man sie daher vermeiden muß.

So haben wir als erste Eigentümlichkeit des deutschen Rechtes den genossenschaftlichen Zug erkannt, der in seiner Übertreibung sowohl zum Partikularismus der Rechtsquellen als zur ungesonderten Einheit des privaten und öffentlichen Rechtes geführt hat. Nach beiden Richtungen hin enthält die Übertreibung einen Mangel, für dessen Überwindung durch das römische Recht wir dankbar sein müssen. Ebenso verkehrt aber und dem deutschen Volkstume widersprechend wäre es, diesem genossenschaftlichen Zug im deutschen Recht auch für die modernen Verhältnisse jede Berücksichtigung zu versagen. Soweit es irgend möglich ist, ohne in die Nachteile der Übertreibung zu verfallen, muß diesem genossenschaftlichen Zuge vielmehr Genüge geleistet werden. Wir finden in der That neben dem einheitlichen Reichsrechte noch eine Fülle des partikularen Rechtes, die die Berücksichtigung der besonderen „berechtigten Eigentümlichkeiten" der verschiedenen deutschen Stämme hinreichend gewährleistet. „Billigkeit ist Veränderung des Rechts." „Gerechtigkeit macht Unterschied." Und auch das Einführungsgesetz zum deutschen Bürgerlichen Gesetzbuche, die moderne clausula salvatoria, läßt den einzelnen Landesgesetzgebungen noch weiten Spielraum. Dieselbe Berücksichtigung des genossenschaftlichen germanischen Wesens zeigt aber auch unser modernes öffentliches Recht und das Privatrecht. Zwar die begriffliche Sonderung von Privatrecht und öffentlichem Recht, die das römische Recht brachte, muß bestehen bleiben und entspricht den modernen Bedürfnissen. Aber nicht kennen wir, wie dieses, nur eine völlige Trennung zwischen beiden, sondern auch eine enge Berührung und Verbindung. Zwar ist der Staat das allumfassende Ganze, innerhalb des Staates aber verlangen wir selbständige Genossenschaften mit selbständiger freier Verwaltung zur Befriedigung besonderer genossenschaftlicher Bedürfnisse, die, wie das einzelne Individuum, dem Staate gegenüber nicht nur Pflichten, sondern auch Rechte haben. Die vielen Körperschaften mit Selbstverwaltung kommen diesem Bedürfnisse entgegen. Es sei nur an die Innungen erinnert. Ebenso gibt es im Privatrecht eine große Anzahl genossenschaftlicher Verbindungen zur Erreichung rein privatwirtschaftlicher Zwecke, wie Aktiengesellschaften, Gesellschaften mit beschränkter Haftpflicht, offene Handelsgesellschaften ꝛc. Und während bisher hinsichtlich der gewöhnlichen bürgerlichen Gesellschaft im allgemeinen die Grundsätze der societas des römischen Rechtes maßgebend waren, tritt auch hier durch das neue Bürgerliche Gesetzbuch wieder die Gesellschaft des alten deutschen Rechtes ins Leben, deren Wesen Gesamthandsverbindung und Gesamthandsverwaltung ist. Die Anteile des Gesellschafters sind danach nicht rein vermögensrechtlich. Sie sind keine Eigentumsrechte im römischen Sinne, sondern Mitgliedsrechte, sind personenrechtlicher Natur. Diese Personenrechte aber sind gemeinschaftlich eng verbunden. Während sie römischrechtlich nichts miteinander zu thun haben, ganz selbständig sind, stehen sie deutschrechtlich in einem gemeinsamen persönlichen Verhältnisse. Das Genossenschaftseigentum ist also kein individualistisches, sondern ein sozialistisches Eigentum; das Verhältnis ist dem öffentlichen Rechte verwandt, die Gemeinnützigkeit wiegt vor. Nirgends besser als in der Rückkehr zu dieser deutschrechtlichen Auffassung der Gesellschaft zeigt sich, wie stark der genossenschaftliche Zug wieder im Rechte hervortritt.

Deshalb durchweht auch weiter neuerdings das Privatrecht wie das öffentliche Recht ein großer sozialer Zug, und hierin vornehmlich kommt die soziale Natur des deutschen Rechtes wieder zur Erscheinung. Sowohl im neuen deutschen Bürgerlichen Gesetzbuche als im neuen Handelsgesetzbuche tritt das vielfach hervor in der Berücksichtigung des wirtschaftlich Schwachen. Der arme Schuldner wird durch Beschränkung der Pfändungsmöglichkeit geschützt, für Gesinde und Handlungsgehilfen wird durch Vorschriften über die Gewährung gesunder Wohn- und Schlafräume, die Pflege in Krankheit, die Kündigungsfristen ꝛc. Sorge getragen. Die Bestimmungen des Mietrechtes wollen auch den kleinen Leuten gesunde Wohnräume gewährleisten. Vor allem aber sorgt die moderne Arbeiterschutzgesetzgebung für die Arbeiter. Es braucht nur auf die Kranken- und Unfallversicherungsgesetze hingewiesen zu werden.

In Verbindung hiermit steht das Streben, auch die Gesetze der Sittlichkeit wieder mehr, als es von der naturrechtlichen Schule geschah, zu Gesetzen des Rechtes zu erheben. Dies kommt insbesondere im Strafrechte zum Ausdruck. Gerade neuerdings macht sich wieder die altgermanische Verquickung von Rechtsvorschriften und Vorschriften des Sittengesetzes geltend in den Bestrebungen, die unzüchtigen Erscheinungen in Wort und Bild zu bekämpfen. Und wie das Sittliche, so übt auch die Sitte einen großen Einfluß aus, und hierin namentlich beruht die Auslegung, die der Vorschrift über den groben Unfug von den Gerichten gegeben wird. Oft wird darin alles Ungehörige überhaupt begriffen und damit unbewußt die altgermanische Auffassung, der ein Unterschied zwischen dem vom Rechte und dem von der Sitte Gebotenen fremd war, zum Ausdruck gebracht. Aber auch in weitem Maße wird das Privatrecht von den Geboten der Sittlichkeit beherrscht. Hierher gehören die Bestimmungen über die weitgehende Haftung für Schadenszufügungen, über die Berücksichtigung von Treue und Glauben bei Verträgen. Ja auch der altgermanische Begriff der Schenkung, den wir schon kennen gelernt haben, kommt wieder mehr zur Geltung, insofern wegen schwerer Verfehlungen gegen den Schenker nach richterlichem Ermessen die Schenkung widerrufen werden kann. Von sittlichem Gefühle getragen sind ferner die Vorschriften über Unterhaltsgewährung an die außereheliche Mutter und an das außereheliche Kind, die Bestimmungen des Eherechtes, besonders im Hinblick auf die

Ehescheidungsgründe, die dem Richter gegebene Befugnis, eine übermäßig hohe Vertragsstrafe angemessen zu ermäßigen. Auf der germanischen Rechtsauffassung und Wertschätzung der Arbeit beruht auch der dem modernen Rechte innewohnende Zug auf Ausdehnung des Schutzes der geistigen und gewerblichen Arbeit, wie er in den Urheberrechten, Erfinderrechten, im Gesetze zur Bekämpfung des unlauteren Wettbewerbes, im Verlagsrechte zu Tage tritt. Selbst im Prozeßverfahren ist die altgermanische Natur eines Kampfes zwischen den Parteien durch die selbständige Stellung der Prozeßparteien und deren Prozeßbetrieb wieder mehr zur Geltung gekommen, wie auch das Verlangen nach Öffentlichkeit des Verfahrens dem germanischen Wesen entspricht. Eigentümlicherweise sind wir auf diese altgermanischen Einrichtungen auf dem Umwege über das französische Recht zurückgekommen, dessen Prozeßrecht wir zunächst annahmen, das aber diese germanische Natur im Gegensatze zu unserem romanisierten bewahrt hatte.

So finden wir denn, daß überall in unserem heutigen Rechte, wie es einem großen, von nationalem Bewußtsein durchdrungenen Volke gemäß ist, das deutsche Wesen zur Erscheinung kommt, wenn auch nicht immer in der Form, die, wie namentlich leider beim Bürgerlichen Gesetzbuch, oft viel zu abstrakt ist, so doch in seinem Inhalte. Es steht in der Zeit der männlichen Kraft und Reife. Möchte ihm das Greisenalter noch lange fern bleiben. Hierzu aber gehört, daß neben dem Rechtsbewußtsein das Rechtsgefühl im ganzen Volke wach erhalten bleibt, wie sich der Mann neben der kühlen Verstandesthätigkeit das warme Gefühl der Jugend erhalten soll. Das Rechtsgefühl aber bleibt dem Volke erhalten, wenn die Bestimmungen des geltenden Rechtes eben seinem Gefühlsleben entsprechen. Höchste Sorge der gesetzgeberischen Gewalten wird es deshalb sein müssen, diese Züge des deutschen Volkscharakters, die auf das Recht gestaltend einwirkten, als es sich noch frei und triebartig entwickelte, nun auch bei der bewußten gesetzgeberischen Thätigkeit zu berücksichtigen. Denn „Art geht für alle Gewohnheit", und „Gute Gewohnheit, gut Recht".

CPSIA information can be obtained
at www.ICGtesting.com
Printed in the USA
BVHW070851051020
590306BV00012B/179